发现城市之美

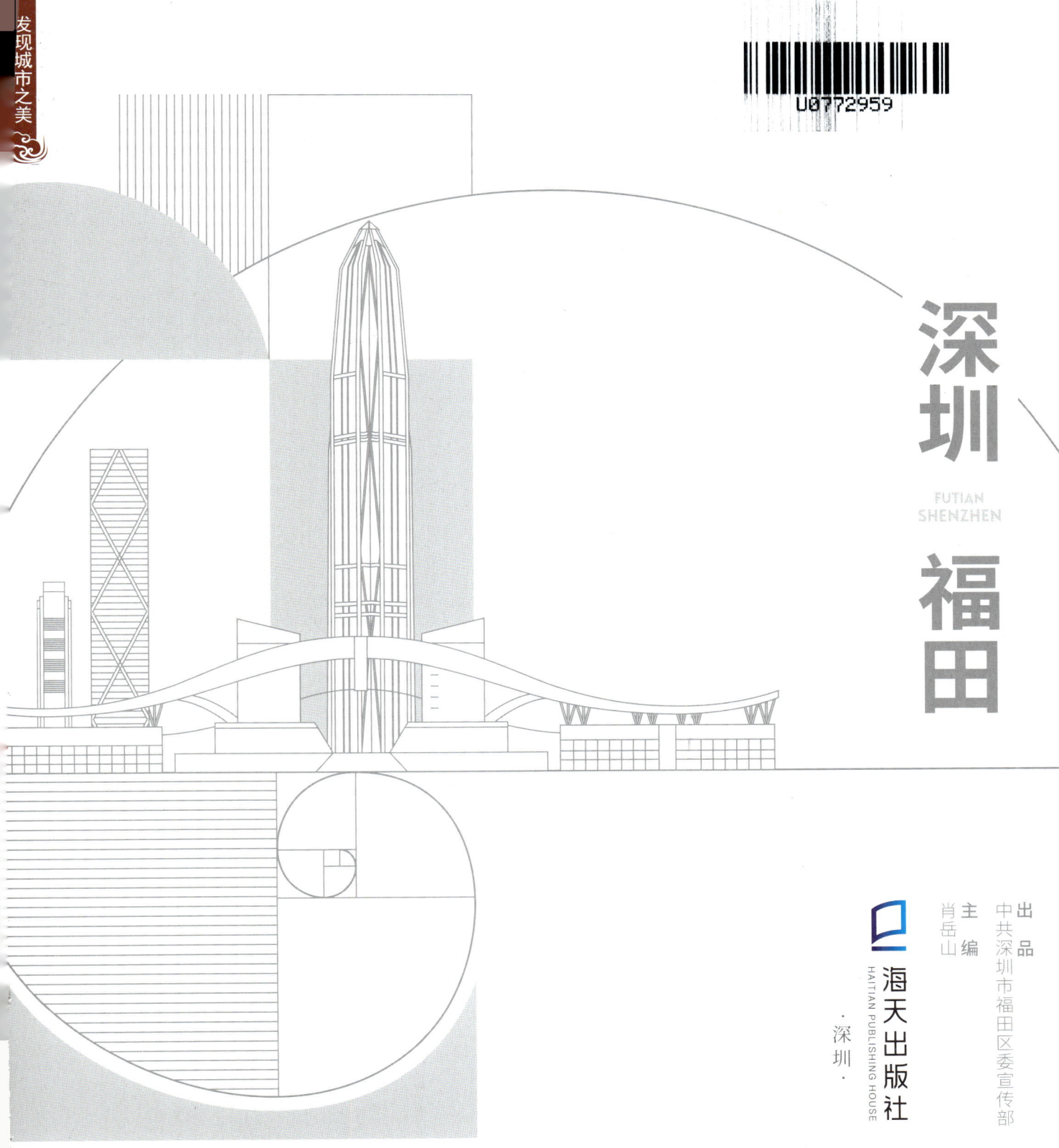

# 深圳 福田

FUTIAN SHENZHEN

出 品 中共深圳市福田区委宣传部
主 编 肖岳山

海天出版社
HAITIAN PUBLISHING HOUSE
·深圳·

**图书在版编目（CIP）数据**

发现城市之美. 深圳福田 / 肖岳山, 唐兰燕主编. — 深圳 : 海天出版社, 2021.4
ISBN 978-7-5507-3038-0

Ⅰ.①发… Ⅱ.①肖…②唐… Ⅲ.①区(城市)—概况—深圳 Ⅳ.①K92

中国版本图书馆CIP数据核字(2020)第207186号

## 发现城市之美·深圳福田
### FAXIAN CHENGSHI ZHI MEI·SHENZHEN # FUTIAN

| | |
|---|---|
| 出 品 人 | 聂雄前 |
| 责任编辑 | 刘翠文 |
| 责任技编 | 陈洁霞 |
| 责任校对 | 万妮霞 |

| | |
|---|---|
| 出版发行 | 海天出版社 |
| 地　　址 | 深圳市彩田南路海天大厦（518033） |
| 网　　址 | www.htph.com.cn |
| 订购电话 | 0755-83460239（邮购、团购） |
| 排版制作 | 深圳点石图文有限公司 |
| 印　　刷 | 深圳市金丽彩印刷有限公司 |
| 开　　本 | 787mm×1092mm　1/16 |
| 印　　张 | 25.5 |
| 字　　数 | 300千 |
| 版　　次 | 2021年4月第1版 |
| 印　　次 | 2021年4月第1次 |
| 定　　价 | 162.00元 |

**海天版图书版权所有，侵权必究。**
**海天版图书凡有印装质量问题，请随时向承印厂调换。**

谨 以 此 作 品 献 给

深圳经济特区建立40周年

福田区建区30周年

Ta们：

**金融分析师** 会计师

**IT程序员** 园艺师

理财专家 **投资专家** 4S店长 证券分析师

药剂师

非遗传承人 **外国专家**

交警 **音乐家** 律师 建筑设计师

集团总裁

景观规划师

**网络架构**分析师 **留学生**

歌手 义工 游客

**计算机硬件工程师** 保险专员

地铁司机 **人工智能工程师**

的士司机 演员

**艺术家** 私企老板 **自由职业者**

**公务员** 美容师 记者

环卫工 运动员 法官 **消防员**

审计师 医生 **快递小哥**

交通协管员 平面设计师

他们：

金融分析师　会计师

IT程序员　园艺师

理财专家　投资考察　45岁长　成衣分析师

药剂师

非遗传承人　外国专家

交警　音乐家　律师　建筑设计师

集团老总

景观规划师

网络架构分析师　留学生

歌手　义工　游客

计算机软件工程师　保险专员

地铁司机　人工智能工程师

助士司机　黄牛

艺术家　私企老板　自由职业者

公务员　美容师　记者

环卫工　退役军官　消防员

律师　医生　快递小哥

交通协管员　平面设计师

说福田：
**有亚洲最大的地下高铁站**
喜欢这里的公园和绿道
福田名字寓意好
姿娘雅，后生仔架势好
南北美味这里都能找到
**工作效率高**
쇼핑이 편리하다
城市安全
Ci sono molti *prodotti high-tech*
**下班后可以去市民中心看艺术表演**
การวางผังเมืองที่ดี
Il y a beaucoup de jeunes
夜生活丰富
緑化環境がよい
有活力的城市
**喜欢逛华强北，那里高科技产品多**
Здесь люди очень вежливые
**有全国单层经营面积最大的书城**
可以去莲花山放风筝、瞻仰邓小平雕像
積極的に向上する
不排外很包容
**平安大厦是深圳最高楼，很壮观**
Bequemer Verkehr
哩度啲人做嘢好叻
**文博会、高交会等展会让人大开眼界**
车辆礼让行人
Beautiful city lighting
**政府机关办事认真服务意识强**
La città è pulita
深圳人不策，做起事来不斗霸
མཁའ་གྲང་སྦས་ཆོས་ཡག
天气巴适得板
喜歡福田的快節奏生活

# DISCOVER FUTIAN

序

**2020年，深圳迎来建立经济特区四十岁的生日，福田建区也正式迈入而立之年**，这看似简单的两个时间刻度，不仅仅代表这座城市的高光年份，更代表这座城市即将开始"雄关漫道真如铁，而今迈步从头越"的全新起点。回首深圳四十年来走过的路，从一个南海之滨的农业县蜕变成一座现代化的国际大都市，取得了举世公认的巨大成就，在这个迈向辉煌的历程中，"创新"也许是曝光率最高的词，它一直贯穿着深圳发展的每一个阶段。

有人说，福田是一个以奔跑姿态前行的城区，这座钢筋与水泥铸就的城市只适合年轻人创业与拼搏。其实，福田的优美身姿，是被其雄厚的经济实力和快节奏的工作方式掩盖了，它行色匆匆的背后，"私藏"了许多宜居生活元素。迄今为止，福田区已经建成各类公园125座，成为深圳"千园之城""公园城市"建设成果的最佳例证。常年灯火通明的写字楼格子间外，是艺术馆、音乐厅、博物馆、书城、体育场馆、绿道……这些一流的工作与生活配套设施，都是福田为所有来深建设者"绣"出的一张精美生活画卷。

**有人说，福田这个刚迈入而立之年的年轻城区确实创造了无数物质财富，但历史文化底蕴太薄弱。** 其实，再年轻的城市都有它的历史，回望福田，会发现它的历史比我们想象的要久远得多。800多年前的南宋时期，黄氏先人从江西迁徙而来，先后在福田创立上沙村、下沙村、上梅林村、福田村等。在寸土寸金的福田中心区，还保留了满载历史烙印的宗祠庙宇、牌坊碑碣，传统民俗活动也代代相传……它们都是福田蜕变前的历史证据。

福田，从当年的边陲之地，到如今的现代化、国际化的中心城区，这种飞跃式的变迁，是深圳城市发展的缩影，也是观察中国经济全球化最好的参照物。深圳是中国最不缺少赞美的城市之一，而福田区作为深圳的行政、金融、文化、商贸中心，三十年来，总能披坚执锐，成为深圳发展的排头兵。从深圳经济特区的经济发展和市政建设的主战场，到最具活力的中心城区、总部经济龙头，再到为粤港澳大湾区和建设中国特色社会主义先行示范区提供"福田支撑"，福田，"首善之区"的金字招牌总是熠熠生辉。

**福田，是一片改革开放的热土，吸引着大量年轻人来此打拼，他们为福田的经济发展、城市建设奉献青春，贡献智慧。** "来了就是深圳人"，既是一句诚挚的邀约，也是一种幸福的自我表达。前三十年，是砥砺奋进的过去，从今往后，将是更加波澜壮阔的宏伟篇章。

这就是中国经济特区——深圳。这就是深圳的中心城区——福田。

编者<br>
2020年12月

CATALOG 目录

CHAPTER FIVE

无商圈，不Shopping
341

福田酒吧之最
335

福田美食圈，一圈又一圈
321

福田交通，兑现一场说走就走的旅行
307

# 这里是福田

行政中心 / 金融中心 / 文化中心

## 行政中心

深圳市政府所在地,是一个没有围墙的政府机构。市民中心所在地,是深圳的"城市客厅"。

## 深圳CBD

由东西向的滨河大道、莲花路和南北向的彩田路、新洲路围合而成。
该区域年税收达**1800亿**元,是全国各大城市CBD中**"含金量"最高的地段**。

## 文化中心

登上莲花山,顺着邓小平大步向前的方向,一个由中心书城、音乐厅、图书馆、博物馆、少年宫、美术馆等组成的区域,是深圳**最著名的文化中心**。

SHEN ZHEN
**FUTIAN**

**历史 福田**

福田由来 007

原住民村的A、B面 023

福田，1990 047

SHEN ZHEN
FUTIAN

**福田先民**自宋代起
从中原辗转迁徙而来
**在今福田区开基立业**
成就了一部久远的移民史

"**湖山拥福，田地生辉**"
相传福田之名
来自这副宋代人所撰的对联

亦有说是**南宋时期**
因黄西孙在松子岭南麓
开荒造的田整齐美观
种上庄稼后
像一幅美丽的画卷
故名为"幅田"

其后代取"幅田"
之谐音为"福田"
意思是"得福于田"

# 福田由来

福田嬗变 008
深圳移民史 012
福田移民 016

# SECTION I

# 福田嬗变

"湖山拥福，田地生辉"，其中包含着美好的祝福与愿望。相传这是宋代的福田人写在祠堂上的楹联，福田地名由此而来。如今，这副对联被镌刻在园博园的福塔上，它提示福田人饮水思源，同时也告诉人们，这座现代化城区下面，还埋藏着深厚的历史文化根基。

关于福田地名，还有另一种说法。相传南宋光宗年间，上沙村的始祖黄金堂的第四个儿子黄酉孙迁到了松子岭南麓，在这里开荒造田，建立村庄。当时黄酉孙造出来的田像格子一样，大小均匀，排列整齐，十分美观，因此，他将自己所造之田称为"格田"。田里种上庄稼之后，生长极为旺盛，看上去就像一幅碧绿的画卷，于是他又将"格田"更名为"幅田"。后来，黄酉孙的后代取"幅田"之谐音，将这个村子取名为"福田"，意思是"得福于田"。

历史上，福田地区曾为宝安县所辖地。东晋时期，宝安建县，辖地包括今深圳、东莞及香港。到唐代中叶，宝安县更名为东莞县，今福田地区属东莞县。至明万历元年（1573年），析东莞县设置新安县，辖区包括今深圳、香港，今福田地区归属于新安县归城乡六都。到了清代，今福田地区为新安县官富司所辖地。清末，香港地区沦于英国殖民统治之下，新安县辖今深圳区域。1914年，新安县改名为宝安县，福田地区仍为宝安所辖。民国初期至1941年，属宝安县第三区。1941年至中华人民共和国成立初期，属宝安县第二区沙头乡。1958年10月，宝安县实行人民公社建制，今福田地区先后属南天门公社、附城公社、沙头公社、福田公社。1979年3月，宝安县升级为深圳市，同年4月，深圳成立罗湖区，辖福田公社。1983年，深圳成立上步区办事处，辖红岭路以西至车公庙以东区域，包括上步、福田两个街道办事处；1989年5月，上步区增设华富、香蜜湖两个街道；1990年10月，上步区改为福田区。

改革开放后，福田迅速崛起，成为中国向世界展示经济成果的一扇窗口。今天的福田，已经发展成为深圳的城市中心区，成为深圳人心目中的"幸福之田"。

上 1983年,华强北区域往西还是一片荒芜,深圳市城区范围仅仅到华富路口
下 2020年的福田区,从东往西眺望,一片繁华

今天的福田，已发展为深圳的城市中心区

## 深圳移民史

20世纪80年代,在改革开放的背景下,中国的南海边崛起了一座叫"深圳"的城市。在此后的40年里,在经济发展和城市建设上,它完成了一次又一次的飞跃,从一个落后的农业县发展成现代化的国际化大都市。

相对于令人惊叹的经济成果,深圳的历史文化总是遭到误解和质疑。在这40年中,深圳这座经济迅速发展的后起之城日新月异,快速奔走,让人们根本无暇回头。这里并非没有文化和历史,只是绚烂的现代光芒掩盖了它的过去。深圳的历史文化,可以顺着这个区域的移民史,追溯到几千年以前。

昔日的边陲之地，如今已发展成一座国际化大都市

　　早在秦代，深圳地区的移民运动就已经开始了。公元前214年，秦王朝平定岭南，并在岭南设置三郡，今深圳地区属于南海郡。为了巩固统治，秦王朝往岭南移民50万。这50万移民开启了中原文明由北方往岭南迁徙的序幕。在此后的2000多年里，先后又有五次移民潮涌到岭南，奠定了深圳地区最初的人口结构，也让这里逐渐成为一个多民族、多文化共存的地方。

　　魏晋南北朝时期，因战乱不断，百姓流离失所。北方的一些士族和平民百姓纷纷逃离故土，来到岭南，他们构成了第二次移民的主体。宝安县的设立，也正是在这一时

期。彼时东官郡郡治和宝安县县治均在今深圳南头，今深圳地区成为郡和县的首府所在地至今已有近1700年。

"靖康之变"后，北宋覆灭，宋室南迁。到了南宋末年，大宋的都城临安被元军攻破，大宋王朝300多年的统治宣告终结。发生在两宋时期的战争，两度造成士族豪门、平民百姓南逃，大量移民涌入岭南。两宋时期的移民潮在规模上远远超出了秦代和两晋。

到了明朝末年，再次有中原移民迁徙到岭南。

这时的深圳地区，已经形成了广府人、客家人以及本地土著混杂的局面，这种人口格局，一直持续到改革开放以前。

改革开放之后，深圳涌起一轮新的移民潮。在40年的时间里，1000多万逐梦者从四面八方迁徙而来，他们组成了中国历史上规模最浩大的一次移民运动。他们和深圳的原住民一起创造了这座城市的经济奇迹，形成了深圳独特的、多元的、丰富的、包容的移民文化。

深圳博物馆内关于深圳地区历史的浮雕

南宋黄氏先祖黄默堂墓园前的"源远流长"牌坊，位于莲花山西北坡

## 福田移民

福田地处深圳的中心区域。这片78.66平方公里的土地在深圳市成立时由15个行政村组成。15个村的历史，组成了福田悠久的移民文化史。

有据可查的福田移民最早可以追溯到宋代。南宋末年，元军攻占南宋国都临安，皇室被迫南迁，元军紧追不舍。南宋祥兴二年（1279年），崖山海战爆发，陆秀夫负主投海，大宋王朝自此覆灭。这次改朝换代，引发了中国历史上一次大规模的移民。为躲避战乱，大量的百姓从北方翻山越岭，移往岭南定居。这些移民中，有一部分辗转来到今福田地区。

福田黄氏宗族的先祖便是在宋元间移民潮中由江西迁徙而来。在上梅林黄氏宗祠的前面有面文化墙，墙上的浮雕生动地记录了黄氏先祖移民的时间和路线。在经历了700多年的繁衍生息之后，如今的黄氏人丁兴旺，主要分布在福田的上梅林、上沙、下沙等地。

新洲村的简氏先祖是在500年前由东莞迁入。据《宝安县新洲村简氏开维公家谱》记载，南宋时期，简氏先祖由江西迁到东莞，在罗定村定居并开枝散叶。大约在明代中期，简氏家族迅速扩大，罗定村已经满足不了家族生存的需要。于是，简氏家族中有位叫简南溪的人，带着妻子由东莞迁到了新洲村。最初，简南溪和妻子以晒盐为生，后来又垦荒、渔猎，在新洲开创家业。他的子孙后代不断繁衍，使新洲逐渐成为一个简氏家族聚居的村落。

皇岗庄氏于明宣德年间迁至今皇岗村。图为皇岗庄氏宗祠内部

岗厦村文氏是文天祥的后人。文天祥兵败后,其后人文应麟移居宝安,隐匿于黄松岗鹤仔园(今松岗蚝涌村)。传说他在当地救济饥荒,百姓感恩戴德。文氏后人中有一支来到了岗厦定居,并建立了岗厦村。经历数百年之后,文氏后人形成了一个庞大的宗族。

除黄氏、简氏、文氏之外,庄、欧、郑等族姓,也是先后从中原辗转迁徙而来的。

这些先民在今福田地区开基立业,他们的沧桑和传奇,成就了一部久远的移民史。

自深圳经济特区建立后,尤其是福田建区后,福田发生了翻天覆地的变化。大量移民从四面八方汹涌而来,使福田迅速发展成一个有着一百多万人口的行政区。与过去战乱之下的移民潮相比,改革开放带来的移民,对于福田而言在经济发展上具有划时代的意义。正是这些移民和原住民一起成就了如今的福田。

深圳市民中心

SHEN ZHEN
FUTIAN

南宋末年，战乱频发，
引发了中国历史上
一次大规模的移民。

大量百姓
从北方翻山越岭，
移往岭南定居。

一部分移民
辗转来到今福田地区，
成为这里的先民，
先后建立了
上下沙、梅林村、
皇岗村、岗厦村等村落，
在这里落地生根，
开枝散叶。

## 原住民村的A、B面

皇岗村：都市里的"锦绣园" 024
岗厦村：城中村的进化 031
上沙村：传统旧村的巨变 034
下沙村：传统与现代共存 037
上梅林村：福田"后花园" 040
石厦村：八姓共居，守望相助 042

SECTION II

## 皇岗村：都市里的"锦绣园"

在深圳中心区南侧，金田路与皇岗一街交会处有一座华丽的牌坊，牌坊之后是有着六百年历史的皇岗村，它由三个庄姓自然村组成。在深圳众多城中村里，皇岗村可谓享有盛名。皇轩酒店在阳光下金光闪闪，这是福田区第一家由原住村民斥资兴建的高档星级酒店。皇庭世纪、皇都广场、东方雅苑三座高层住宅，如一道屏障般矗立在皇岗村西北角。

在深圳的村落中，被评为全国文明村的皇岗村可谓名声响亮。凭着地产和实业发展集体经济，这里的村民们很早就跨入了小康行列。

皇岗村的辉煌背后，也有过艰辛岁月。深圳地名多取自地形地貌，"皇岗"曾名"黄冈"，缘于这一带的海滩有绵延的黄土山冈。清初黄冈村南边有一横水渡名"黄冈渡"，据英国人于清同治五年（1866年）所绘的《新安县全图》，今皇岗村位置上标注

皇岗村锦绣园，是一座苏州园林风格的公园

地名即是"黄冈"。

据《皇岗庄氏族谱》记载，皇岗庄氏族系乃福建泉州府永春县桃源庄森四房派下分支族裔，如今永春县尚存有一座建于宋代的"森公祠"。庄森，生于唐武宗会昌三年（843年），河南光州固始县人，22岁考中进士。唐末中原战乱频繁，唐僖宗光启元年（885年），庄森随其舅王潮率兵从河南入闽。700多年前，庄森十世孙庄敬德于宋理宗年间从杭州迁入东莞戙船澳。明宣德中期，庄敬德裔孙庄顺斋携族人在当时仍为东莞辖下的黄冈选择地势高处（后称"上高围"）扎寮居住，是为皇岗立村始祖。几百年前，黄冈地势北面依黄土山冈，南面濒临河流和海湾，北高南洼。繁衍到第三代，人丁兴旺，寮屋逐渐变成了瓦房，宅居地从上高围扩展到周边，名为大围（今日之上围、下围）。明清时期，黄冈出产的虾米、红螺等远近闻名。当时大围村民经常将从基围捞来

的海虾送到龙船岭山脚下晒成虾米，由于距离居住地较远，收晒虾米极为不便，于是部分村民就在晒虾米附近地势稍高处搭寮屯住下来，便逐渐形成了水围。后再向西扩展，名为"隔垅"，中华人民共和国成立后，改称为吉龙。清初时，黄冈已形成大围、南围、水围、隔垅四个自然围村格局，民国称坊。1949年以后，上围（大围）、下围（南围）、吉龙、水围这片村落统称为皇岗村。

清乾隆四年（1739年），广东番禺出了个状元庄有恭，他为官清廉勤勉、诗文俱佳更兼仪表堂堂。庄有恭历任翰林院侍读学士、光禄寺卿、江苏巡抚、刑部尚书等职，官至协办大学士，以治水政绩为人称道，多次受到乾隆帝嘉奖。庄有恭与黄冈庄氏宗亲是连枝兄弟，他曾到黄冈寻亲，看到庄氏宗亲居住的围村面向大海，认为此处乃是风水宝地，遂将"黄冈"改为"皇岗"。

皇岗庄氏堂号为"锦绣堂"，缘于庄森之后第九世庄夏。庄夏在南宋淳熙八年（1181年）中甲榜进士，历任中奉大夫、兵部侍郎，赠少师，赐封桐城永春县开国伯。庄夏曾辅佐孝宗、光宗、宁宗三位皇帝，是庄氏南迁后权位最重、声名最为显赫者。因为有功于朝廷，子孙发达，皇帝赐其建第于泉州府城，宋宁宗将其祖坟所在的桃源蓬莱鬼笑山（又称鬼岫山），御笔赐名为"锦绣山"。庄森四房七世庄观、庄赋两兄弟的后裔皆以"锦绣堂"为堂号，沿用至今。

皇岗庄氏宗祠始建于清朝中叶，在"破四旧"中，庄氏围村里的宗祠遭到严重破坏，连房檐上雕刻的龙凤人物都没逃过劫难，后于20世纪90年代在现址重建。"文革"时期，"前有平原，后有河川，土地肥沃，六畜兴旺"的皇岗，因为落后、单一的渔耕产业举步维艰，人均日收入仅九毛钱，一度"逃港"成风。1980年，水围从皇岗分出，自成村落。

1983年，皇岗分成24个生产小队，利用边防贸易政策，从香港收购旧轮胎，运回内地，进行回收利用、售卖。不少青年人开始学习驾驶技术，开泥头车运输物料。皇岗村的经济状况得到改善。到了20世纪90年代，皇岗村迎来了历史性的飞跃——实施农村城市化，成立皇岗实业股份有限公司，发展村集体经济，带领群众走上共同富裕的道路。

皇岗庄氏宗祠上的建筑装饰

皇岗庄氏宗祠，始建于清朝中叶，20世纪90年代迁至现址重建

岗厦村牌坊，牌坊后的岗厦东村是今岗厦仅存的村落

## 岗厦村：城中村的进化

七百多年前，文天祥在海丰被俘，元军将其囚于船中，路过伶仃洋时，元军统帅让文天祥写信劝降当时的宋帅张世杰。在元军统帅的威胁面前，文天祥以死明志，面对茫茫大海，写下了著名的诗篇《过伶仃洋》，以铮铮铁骨，应答元军统帅。后来，文天祥被押往元大都（今北京），英勇就义。如今，逝者如斯，英雄长眠，但他的这首佳作与英雄气节流传千古，永垂不朽。

据《岗厦文氏族谱》记载，文天祥的后人为了躲避元军追杀，纷纷流散至今香港、深圳松岗一带避难。他们选择这些偏荒之地定居，隐于乱世之中，使文氏宗族得以延续不断。后来，文氏后人中有一支来到了岗厦，见这里土地肥沃，鱼塘遍布，环境幽静，便定居了下来。岗厦成为村庄的历史，便是从那时开始。

七百多年来，文天祥的后人在岗厦繁衍生息。他们偏居一隅，日出而作，日落而息，与世无争，世世代代忠诚于土地，过着风平浪静的日子。

四十年前，改革开放的浪潮席卷中国大地，深圳成为这场经济变革的前沿。从蛇口第一炮开始，深圳揭开了由落后的农业县向国际化大都市剧变的序幕。岗厦村终于不再寂静，这个村庄和文氏后人们，一起步入这场经济变革的浪潮中。文氏后人洗脚上田，在岗厦建造出租屋、商铺，他们顺应时代，以城中村集体经济的方式，积聚着他们的财富。但他们怎么也意想不到，时隔七百多年，这个宗族再次受到万众瞩目。

在深圳版图上，福田位居腹地，而在福田的版图上，岗厦又处于福田腹地。黄金地理位置使之不可避免地成为城中村改造的重点区域。2009年，岗厦村的城市改造启动，旧貌换新颜，村民享受了改革开放带来的幸福生活，这个叫岗厦的村子被载入城市变迁史。

如今，岗厦更是融入了大湾区和中国社会主义先行示范区的发展建设中。

岗厦村地处福田中心区，部分区域已改造成高端商业区

上沙村北边的村口,村名刻在了景观石上

## 上沙村:传统旧村的巨变

"上下共生,世代和谐",上下沙交界处立着这样一块石碑,上沙村在左,下沙村在右。这两个拥有七百多年历史的自然村位于滨海大道、福荣路、沙嘴路、福强路合围处,紧邻红树林自然保护区,是福田区较大的城中村。

上沙村原名为"椰树下",后改名为"上沙头村",简称上沙村。上下沙两村村民基本为黄姓一族,据《上沙黄氏族谱》记载,南宋时期,黄忠携妻子至今上沙村开基立业,其子黄金堂成为上沙村的开村之人。相传黄忠为唐末的黄峭山裔孙,当年为了让后裔重逢时能相识,黄峭山留下一首"密码诗":"骏马堂堂出异方,任从随处立纲常。年深外境犹吾境，日久他乡则故乡。朝夕莫忘亲命语，晨昏须念祖宗香。惟愿苍天垂庇佑，三七男儿总炽昌。"迄今有村民仍能背出。

上沙现存的古建筑"怀德黄公祠"是黄氏后代为纪念南宋先祖，即上沙二世祖黄昭孙、三世祖黄怀德所建。祠堂坐北朝南，为砖木结构，三间三进两天井布局，占地面积481平方米。怀德黄公祠旁边的天后宫始建于明代，主体为砖木结构，是深圳市现存最早的传统建筑之一。建筑坐北朝南，为三间二进一天井布局，面积208平方米，给人以小巧玲珑之感。辘筒灰瓦的屋面，博古屋脊，正脊和两侧山墙博风上的灰塑动植物图案栩栩如生。轻抚青砖墙面，古韵犹存。走进其中，梁枋上精美的木雕构件令人由衷感叹。因饱经风雨摧残，两座建筑历代皆有修葺，现今均保留了清代风格。

对传统文化保留甚好的同时，上沙村也在不停地探索城中村产业高端化、多元化发展。改革开放后，随着深圳城市化的进程，上沙村由农村转为城市社区。2005年，上沙创新科技园落地，进驻了大量高科技产业，

保留了清代建筑风格的怀德黄公祠

被授予"深圳市移动终端产业园"的称号。2014年,上沙村旧改正式启动,这个到处是"握手楼""一线天"的城中村,站在了历史的转折点上。走在其中,成群高楼上贴着的大红色"拆"字格外抢眼。实现华丽转身后的上沙村将成为集高档写字楼、商业区和住宅为一体的城市综合体,以崭新的面貌屹立在深圳湾畔。

怀德黄公祠坐北朝南,为三间三进两天井布局

始建于明代晚期的黄思铭公世祠

# 下沙村：传统与现代共存

福田的下沙村，有着成群的现代化高楼、受众多年轻人青睐的kk one大型城市综合体，也保留着始建于明代的黄思铭公世祠和侯王庙，还有记录着下沙八百多年发展史的下沙博物馆。传统文化和现代元素共生共存，一同构筑了独一无二的下沙村。

据下沙博物馆中的资料记载，南宋时期，黄默堂从江西辗转迁至今深圳湾畔创立下沙村，成为下沙村黄氏一世祖。其墓位于今福田莲花山西北坡，是广东省极为罕见的具有唐代遗风的塔型墓葬，2002年被列为广东省文物保护单位。

明朝中叶是下沙发展史上的重要阶段，下沙文化广场上的黄思铭公世祠便是为纪念

守葳堂

这一时期的黄氏九世祖黄思铭而建。几百年来，黄氏后裔开枝散叶，农耕和养蚝业规模渐大，形成了东涌、大围、村仔、围村、新村、东头村六个自然村雏形，下沙村基本成型。经过漫长的发展，如今这里已经发生了天翻地覆的变化：下沙图书馆、下沙小学、下沙幼儿园、kk one大型购物中心、下沙博物馆和休闲公园等现代化设施逐渐建成，城市轨道加速建设，经济也迅猛发展。

在现代化进程加速发展的同时，下沙村的传统文化依然"鲜活"。2011年6月，下沙传统的春秋两祭"祭祖习俗"入选国家级非物质文化遗产名录。祭祖活动中最具特色的当属传统"大盆菜"。十五种菜层层放入，汇聚一盆，菜品味道互渗，正如下沙"你中有我，我中有你"的族群宗亲理念，同时也寄寓着团圆富贵、国泰民安、五谷丰登的美好愿望。"大盆菜"习俗于2009年入选广东省非物质文化遗产名录。

古老的建筑静静矗立在夕阳下，肃穆、寂静，八百年的历史赋予了下沙村独特的故事和积淀。每一个在这里生活过的人，多多少少都会被其熠熠生辉的古建筑和闻名海内外的民风民俗吸引，他们在这里，继续追寻自己的梦想和未来。

上　黄思铭公世祠为三开间三进深二天井布局
下　下沙文化广场，左为陈杨侯古庙，右为黄思铭公世祠

上梅林村牌坊

## 上梅林村：福田"后花园"

上梅林是深圳立村比较早的村落之一，它所在的梅林片区坐北朝南，背靠青山，山上林木茂密，曾经长满了杨梅树，故得名"梅林"。如今，梅林片区在现代化建设过程中，许多新开的道路用"梅"字来命名，比如梅彩路、梅村路、梅华路、梅秀路、梅丽路、梅韵路，当然还有梅林路。

相传上梅林黄氏始祖黄默堂为江夏黄氏峭山公裔孙。据上梅林黄氏《念恭堂族谱》记载，南宋时期，黄默堂自江西辗转迁徙来到今福田下沙建村立基。宋淳祐元年（1241年），黄默堂带领其第三子黄仲孙来到上梅林一带开荒垦田，结草而居。黄氏一族自此在上梅林开基创业，繁衍生息。至明代，第十世黄梅庄乃是远近闻名、人人称颂的乡饮宾（即乡里德高望重的长者，与当地官吏一起主持庆祝丰收、尊老敬老的宴乐活动）。当时的黄氏虽无官爵封邑但富比封君。黄梅庄经营着富饶丰裕的家业，在待人接物上却仍谦逊有礼，敬老尊贤，并且常常接济孤儿寡妇，施恩惠于乡里，远近乡邻都称他为仁厚长者。在他百年之后，黄氏族人修建了梅庄黄公祠，奉祀梅庄公及黄氏先祖。

在几百年的发展历程中，上梅林逐渐形成了四个自然村落，分别为客家村、西兴村、铁围门村和祠堂村，梅庄黄公祠所在处正是祠堂村。抗日战争时期，东江纵队受命深入港九市区，营救困在香港的茅盾、邹韬奋等一大批文化名人，上梅林是"秘密大营救"转移的必经路线之一，梅庄黄公祠是他们的联络处。抗战后期，东江纵队曾在梅林设立税站，东江纵队的宝三区联乡办事处就设在上梅林的祠堂里。在梅庄黄公祠旁边，是一座建于明代的龙母宫，也是深圳唯一的龙母宫，里面供奉的是被广东人奉为南海水神的龙母娘娘。

如今的上梅林，早已旧貌换新颜，建设成现代化都市的新社区，有着福田"后花园"的美誉。周围的房屋几经拆建，但梅庄黄公祠与龙母宫依然稳坐其中，它们承载着上梅林的村庄历史，也是深圳不可多得的传统民俗建筑。

梅庄黄公祠和龙母宫，浓缩了上梅林村的民俗和历史

# 石厦村：八姓共居，守望相助

在福田石厦村北边有两棵茂盛的古榕树，树龄已无法考证。古榕之下，是一个不大的社区广场，有人借着树荫在这里聊天或小憩，还有老人在树下健身，小孩在玩耍。相聚石厦的他们并非本地村民，却和谐共处，怡然自得。

石厦村所具有的包容精神，古来有之。深圳旧时的村落大都一村一姓，而石厦村有八姓共居，极为罕见。在今石厦村的上旧围村口的一面墙上嵌有石碑，上面刻记了《石厦立村概况》，里面记述了石厦村自古至今的发展。

早在元末明初，今石厦一带尚荒无人烟，但因此处位于深圳河的出海口，渔产丰富，便有邻近乡县的渔民来此捕鱼。岸边有一处山丘，名为打锡岭（今皇岗公园），西

 赵氏宗祠，位于石厦村上旧围

边山脚有一处天然形成的石块可遮风避雨，渔民在此歇脚，石厦一名由此而来。渐渐地，不少渔民在这里建房居住，形成了一个小村落，主要有陈、李、张、龙、岑五姓。后来人们又在附近建起了围村，把这里称为旧围。

明朝初期，有两支赵氏家族先后来到石厦，皆为宋皇室后裔。一支为宋太祖赵匡胤后裔赵文旭携眷自东莞虎门而来；另一支为宋太宗赵光义后裔，由胡氏夫人携长子赵养石、次子赵怀卜从东莞塘厦迁至石厦。赵氏在旧围以北建房居住，称"上旧围"。到了明宣德年间，宝安福永怀德村的潘观察携妻儿来到石厦，在旧围西边定居，因晚于旧围和上旧围，称为新屋。同时，附近沙尾村莫氏的一个分支也迁来石厦。至此，石厦村三个自然村和八大姓氏的雏形基本形成。

石厦村上旧围的杨侯宫，供奉宋朝名将杨延昭

石厦村民以捕鱼为生，随着生活经验的积累，又掌握了养蚝的方法。养蚝业逐渐发展，村民还在附近海滩筑基围养鱼，收入逐渐优厚，引周围村庄羡慕。石厦是多姓氏聚居村，各姓村民之间没有形成稳固的纽带关系，常常遭到周边村民和土豪劣绅的侵扰，几近散村。至清朝中期，八姓村民商议成立众孚堂组织，团结统一管理村民，共同御外，并集资建立了石厦的第一个祠堂——敦睦堂。随后潘、赵两族又分别建造了潘氏宗祠和赵氏宗祠。在上旧围还建有杨侯宫，供奉宋朝名将杨延昭，村民出海作业前都会来此祈求平安。依照村里的俗例，全村男丁结婚，须先拜杨侯宫，再拜敦睦堂，最后才拜自己的家祠。

　　为了保卫村庄，潘、赵两家还在村里各建了一座炮楼。一南一北两座炮楼成掎角之势，威慑外族不敢来犯。如今随着城市化的发展，敦睦堂和南边的炮楼已不复存在，而杨侯宫、潘氏宗祠、赵氏宗祠和上旧围炮楼均被列为福田区文物保护单位。潘氏、赵氏两座祠堂是在改革开放后重建的，但里面保留着一些原来的精美石刻和木雕，形象鲜活、生动。杨侯宫与炮楼亦重新修缮过，均具有一定的历史价值和文物价值。

　　如今，石厦的原住居民大多移居香港和海外，城中村内居住着各形各色的外乡人，一如往昔地融洽。那依然屹立在村中的庙宇、祠堂、炮楼、古榕，犹如历经沧桑的老者，安详地看着这"岁月静好，现世安稳"的和谐生活画面。

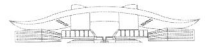
石厦杨侯宫内古朴老旧的木屏门上，精细的木雕仍清晰可辨

SHEN ZHEN
**FUTIAN**

四十年前的
**福田**地区
不过是边陲之地，
荒凉而缺乏生气。

随着**改革开放的发展**，
**至1990年**，
**福田区正式建立**，
开启了一段华丽蜕变的
奋进之旅。

如今的福田
已经发展成为
一个**国际化的城区**，

成为中国**对外展示**的
一个**重要窗口**。

# SECTION II

**福田，1990**

渔村蜕变 ⁰⁴⁸
百年荣辱深圳河 ⁰⁵²
有一种方言，叫粤语 ⁰⁵⁸
关内关外，边防证 ⁰⁶¹
孺子牛，一座城市的精神财富 ⁰⁶⁴
华强北，一个时代的视窗 ⁰⁶⁸
上海宾馆，深南路上的海派标志 ⁰⁸⁸
城中村的变迁 ⁰⁹⁴

# 渔村蜕变

时光如白驹过隙，四十年前的福田辖地不过是当时宝安县所辖的十多个渔村。四十年过去了，如今的福田区已经发展成为一个国际化城区。

四十多年前，因为客家人的迁徙，这里的原住民成分相对复杂。在建筑风格上也汲取了来自不同地方的文化特点。通过一些老照片可以得知，当时福田地区寻常百姓家的民房，皆保留或延续了清朝至民国时期的客家建筑风格。

1979年7月2日，中国内地第一个出口加工工业区在蛇口破土开建。开工建设的第一炮被称为"中国改革开放的第一炮"。随着改革开放的步伐，福田地区也开启了一段华丽蜕变的奋进之旅。渔民洗脚上岸上田，搞起了集体经济，一栋栋高楼大厦如雨后春笋般拔地而起，荒凉的渔村热闹了起来。

越来越多的外地人涌进当年的渔村。他们就像辛勤的水手，吃苦耐劳，精力充沛，让当时刚刚起航的福田永不停歇地驶向大洋深处。

如今的福田可谓寸土寸金，对这个城市的建设者而言，土地是有限的，但空间可以延伸。走在福田的大街小巷，我们可以看到无数向天空延展的高楼大厦。它们满足了创业者和梦想家们对空间的需求，却也让外界对福田、对深圳的文化底蕴产生了误解。

然而善于发现的人们，在街头巷尾的隐蔽处，依然可以寻到四十多年前寻常人家居所的身影和传统文化的痕迹。深圳的文化，不仅在留存的古建筑里，在传统的器物里，还在宽敞明亮的街道上，在完善便捷的基础设施里，在汗牛充栋的图书馆，在被晨露浸染的公园，在灵感勃发的创客空间，在每个人的言谈举止中。

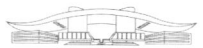

上　1981年，今福田华强北区域开始建设基础设施和道路，百业待兴
中　1999年的深南新洲立交，当时的高交会馆就叠立在深南路边
下　2018年的华强北，早已完成了新一轮的升级改造

40 年的发展蜕变，福田已是一座时尚的国际化城区

 深圳河是深圳和香港的分界线，一边是香港，另一边是深圳

## 百年荣辱深圳河

深圳不仅有着260多公里的漫长海岸线，也是个河流纵横的城市。翻开改革开放前深圳地区的老照片，我们可以看到遍地的农田、青山、绿水，彼时310条大大小小的河流如同蛛网，密集地交织在近两千平方公里的土地上。四十多年过去后，这些河流，大多被掩埋于城市建设的高楼之下，成为地下水道。

作为深圳的母亲河,深圳河是深港两地的分界线。这条河流就像一面镜子,映射着两岸经济状况的发展以及各自的变化。如今,深圳河成为人们在怀念河流时的寄托,同时也是追忆深圳历史的纽带。

"深圳"作为地名,最早出现在清朝康熙年间,这一地名来自深圳河。"圳"字的意思,是指田边的水沟,而"深圳"二字,顾名思义,也就是指田边的深水沟。这水沟就是深圳河。据清代的《新安县志》记载,深圳河水深且急,遇上下雨,必发洪水,百姓来往十分困难,常有人"不知深浅,动遭淹溺"。为此,由负责当地治安的官富巡检司长官主持,于清康熙二十八年(1689年),在深圳河上建造了一座"惠民桥",此桥以石头建造,其址约在今"人民桥"处。

20世纪70年代,罗芳村村民走过深圳河,过境到香港耕作

深圳河全长37公里,东起梧桐山,西至深圳湾,如同一条纽带,连接着深圳和香港两地。历史上的深圳与香港,一衣带水,不可分割。鸦片战争之前,今香港地区隶属新安县管辖,政令一统,言语同音,本无界限。清朝末年,英国发动鸦片战争,并于道光二十二年(1842年)迫使清政府签订《南京条约》,割让香港岛;第二次鸦片战争后,又迫使清政府于咸丰十年(1860年)签订《北京条约》,割让九龙半岛南端即今香港界限街以南的地区;中日甲午战争后,英国又逼迫清政府于光绪二十四年(1898年)签订《展拓香港界址专条》,强租深圳河以南约1071平方公里的土地。自此之后,香港地区与深圳地区被生生分割,深圳河也成为见证近代中国兴衰荣辱的历史之河。

深圳和香港之间,以河为界,分割为两个世界,但事实上,深港两地的人,从未断绝过往来。

20世纪90年代的深圳市过境耕作证

解放初期，深港边境没有铁丝网相隔，深圳河就是深港的边界河。由于历史的原因，两地居民祖传下来的土地在两岸多有交叉。根据宝安县革命委员会外事办1977年6月17日的《宝安县过境耕作证的真实情况和问题》记载：1954年，深圳有15个村在新界有4066亩的耕地，而香港新界则有12个村的154户居民在深圳长岭、莲塘和沙头角一带有耕地约490亩、山林坡地约500亩。

1951年，港英当局颁布了禁区令，封锁边境，在深圳河南岸架设起铁丝网，两地自由往来的耕作因此受到了制约。1976年后，过境耕作恢复。沙头角、径口、长岭、罗芳、沙头、新沙、赤尾、皇岗、文锦渡、罗湖桥等地开放了"过境耕作口"，允许农民"过境耕作"。

于是，两岸村民开始了日出而作、日落而归的"过境耕作"。为了方便耕作，一些村民还在对岸的田地里搭建了小木屋，专门用于放置农具。"过境耕作证"成为必不可少的进出通行证。

"过境耕作证"的取得并不是一件容易的事情，要确认申请人在对岸确实拥有历史遗留地，还要进行十分严格的政审。持有"过境耕作证"的村民必须在下午五点闭关前返回，绝不允许在港过夜。

改革开放后，深圳的经济得到飞速发展，村民靠着集体经济走上致富的道路，纷纷洗脚上田，过境耕作的人越来越少。

如今，深圳已经发展成为国际化大都市。地处深圳河对岸的香港，也已在1997年回归祖国。深圳河如同一面明镜，映照着两岸发展的影像。深圳河的开放与封闭，河上人流的往返，体现着深港两地的前途命运。如今从深圳通过多个口岸，可轻松去往香港，香港同胞来深圳也非常方便。深圳河已成为两地人民共同拥有的一道美丽风景。

深圳河两岸，一边是深圳，另一边是香港

# 有一种方言，叫粤语

早年来深圳打拼的人，一定还能记起，二十世纪八九十年代，有个耳熟能详的名词，叫"粤语培训"。这个名词被印在一些民间培训机构的招生简章上面，以传单或者是"城市牛皮癣"的形式，疯狂地出现在电线杆、人行天桥以及街巷中的墙壁上。与之相对应的是，粤语培训班如同雨后春笋冒了出来。一时间，粤语极受追捧，打工族通过上粤语培训班、看电视或者是其他途径来掌握这种方言。

深圳地处南粤，但却不是以粤语为主流语言的城市。一座城市的主流语言，往往取决于人口的结构。深圳是座移民城市，具有高度移民化的特征，普通话为其第一语言。然而，学习粤语的热潮，的确在深圳出现过。当年密布于大街小巷的粤语培训班就是这种热潮的见证。

改革开放前期，国门初开，深圳成为经济特区，百业待兴。在那段时期，大量的港商涌入，在这里投资兴业。与港商之间的对接，使很多从事外贸业、服务业的人，必须掌握粤语。这一现象，推动了粤语的兴起。在当时，粤语甚至成为衡量工作能力的一项指标。那时填求职表时，语言栏里除了普通话之外，还有外语和粤语两项。这两项前面打上钩，得到工作的机会就大很多。有一些港资厂在招工时，负责招聘的人首先会问应聘者会不会粤语，会粤语的就可以顺利进入下一轮，如果不会，就会直接叫下一位。由此可以看出粤语在当时的重要性。

20世纪80年代，改革开放初期，深圳不可避免地接受着来自经济发达的香港的影响。这种影响，包括了经济与文化两方面。1982年，两万工程兵南下支援深圳建设。当时的深圳就是块巨大的工地，整天尘土飞扬，而当时的香港，已经是"亚洲四小龙"之一，经济十分繁荣，这座彼岸的国际大都市，吸引着深圳人羡慕的目光。从外地来到深圳的人，最感兴趣的目的地，往往不是深圳，而是香港，很多人站在口岸，就为了遥望高楼林立的"东方之珠"。甚至连电视节目，也以香港的最受欢迎。那时的粤语培训，不仅是技能需要，也是很多人追寻港式文化的需求。光学会了粤语还不算，很多人会在此基础上更进一步，以能讲一口语调柔和的港式粤语为荣。

# 講白話

改革开放初期，深圳掀起一股学习粤语的热潮

进入21世纪后，深圳华丽转身，以高科技为核心，完成了产业的升级，从而发展成为一个经济多元化的国际化大都市，在中国以及世界的影响力不断增强，在很多方面，甚至远远超过了香港。很多内地人从深圳进入香港，进行投资、旅游或购物，客观上促进了香港相关产业的繁荣。香港人学普通话，正在成为一种潮流。

如今的深圳，很多中学生能讲一口流利的英语。层出不穷的英语培训机构，取代了当年的粤语培训班。语言学习由粤语向英语改变的过程，也是深圳走向世界的体现。然而，无论如何，粤语就像一个时代的缩影，见证了这座城市的变化，同时，也成为这座城市不可磨灭的记忆。

粤语培训教材。深圳的粤语培训班曾非常热门

# 关内关外，边防证

二十世纪八九十年代，对于从外地来到深圳的人来说，他们的记忆里一定会保存着一张叫"边防区通行证"的证件，这张证件简称"边防证"。那时候，跨越"二线关"进入深圳经济特区的人，到了关口都必须下车，持着边防证，在边检站接受检查，通过了检查，才可以过关。过了关，还得在关内的公交车站换乘公交。这个过程，或长或短，顺利的时候，十几分钟，碰上人多，也许要排上近半个小时的队。当时深圳的关内是指包括今罗湖、福田、南山、盐田在内的区域，关外则指今宝安、光明、龙华、龙岗、坪山等地区。那个时代，边防证是很多寻梦者所共有的记忆。

1980年，深圳经济特区建立，深圳成为一块巨大的热土，众多外来寻梦者涌入，给深圳造成了一定程度的困扰。为了让深圳有一个良好的发展环境，1985年，经国务院批准，深圳建成了"二线关"。这道二线关由铁丝网和巡逻公路构成，东起小梅沙，西至南头安乐村，在关外与关内之间，形成了一道严密的屏障。这道屏障将深圳划分为里外不同的两个地方，关内与关外的概念就此在深圳形成。

"二线关"建成之后，人们前往深圳，必须持有边防证，方可从检查站通行。因此，边防证

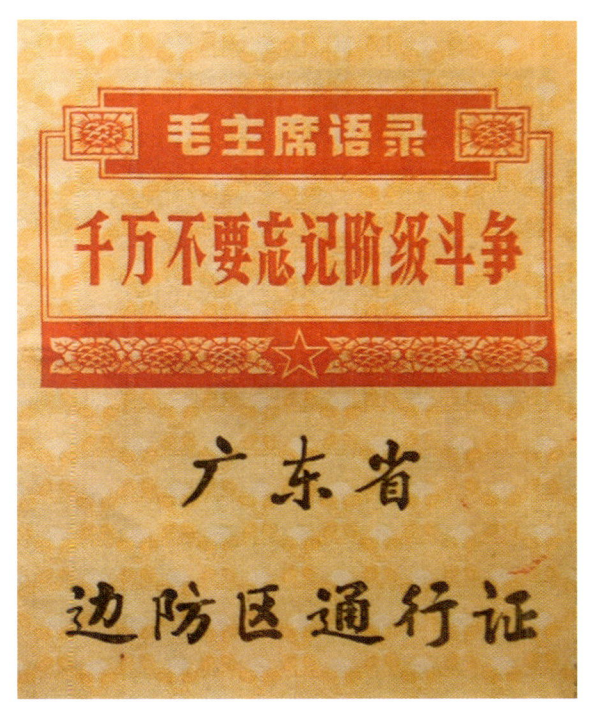

二十世纪八九十年代，凭边防证才能进入深圳经济特区

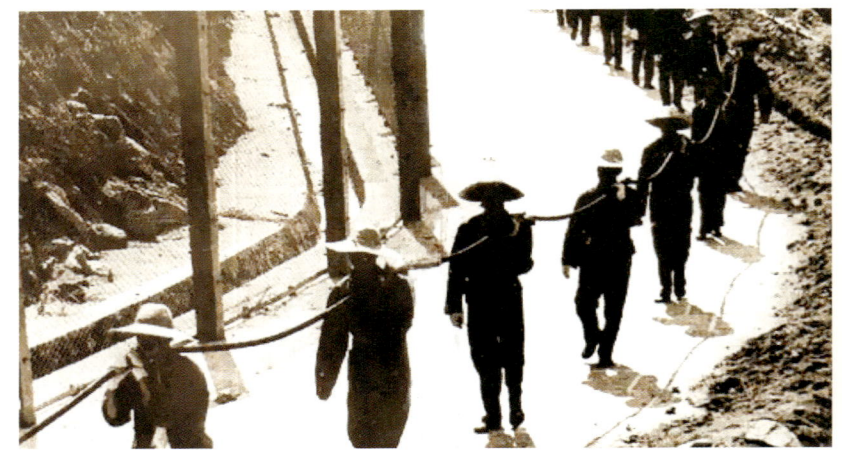

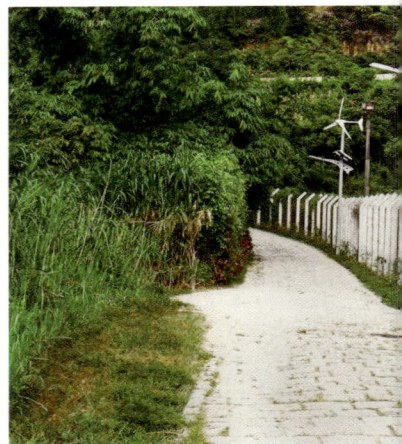

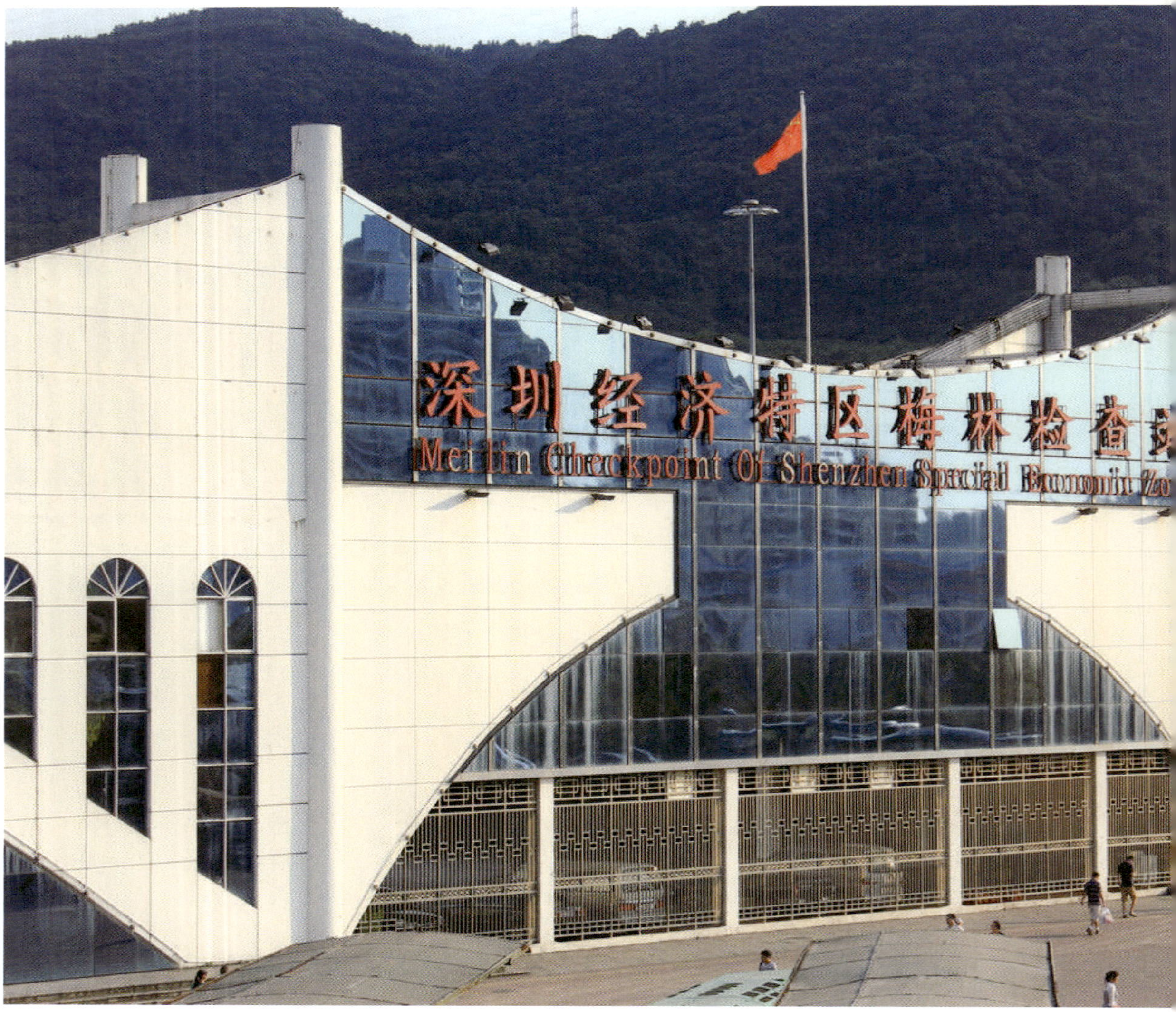
深圳经济特区梅林检查
Mei Lin Checkpoint Of Shenzhen Special

成了外地人来深圳的必备物件，成为很多人对深圳刻骨铭心的记忆。那时候的边检站关口是个热闹的地方，每天都有无数人通过，同时也有不少人被边检人员请出来，卡在关外。因为没有边防证，他们只能站在关口，隔着关卡遥望关内的繁华。边防证就是一张纸，很薄很轻，它的存在使经济特区增添了几分神秘。如果没有这张纸，与经济特区的距离就像隔着一座跨不过去的山，那道冰冷的铁丝网后面，是一个不可抵达的世界。尽管如此，依旧有无数的外来者前赴后继地来到这座城市，追逐自己的梦想。

进入21世纪之后，外来人口迅速膨胀，深圳发展成为一座拥有一千多万人口的特大城市，繁琐的边检制度已不再适应深圳发展的需要。2003年，有关部门对经济特区边防检查制度做了相应的调整，"二线关"的检查开始逐步放松。2005年后，边防证逐步消失。到了今天，这张陪伴着深圳人走过了漫长时间的证件，已经彻底成为人们的追忆。

左上　20世纪80年代初，边防部队建设"二线关"
右上　昔日的"二线关"巡逻道梅林段如今已成休闲绿道
下　　梅林检查站，于2015年拆除

## 孺子牛，一座城市的精神财富

在福田区同心路西侧的深圳市委大院门前有一尊雕塑"牛"，在雕塑底座上有"孺子牛"三个字。这是深圳经济特区建立初期，深圳市政府立下雕塑时的本意："俯首甘为孺子牛。"1984年，《孺子牛》雕塑建成当年就获第六届全国美术展金奖。这尊雕塑象征着奋力开拓的经济特区建设者，成为改革、开拓、创新的深圳精神的一个标志形象。

深圳市委大院门口的《孺子牛》雕塑

1979年9月，一列军用列车拉着几千人的部队，从辽宁鞍山火车站缓缓驶出，目的地是南方一个名不见经传的地方——深圳。这些中国人民解放军官兵执行中央军委和国务院的命令，作为先头部队，来深圳勘察和测量地形，为后续部队——南下的工程兵做前期准备工作。1980年，深圳经济特区刚建立的时候，生活条件艰苦，甚至比不上内地的小县城，红岭中路一带只有一些山丘和水塘，茅草萋萋，十分荒凉。1982年，中央军委下令裁军一百万，其中一部分基建工程兵集体转业到深圳，成为深圳最早的建设者。他们挖山丘、平水塘、修公路，深南路一带慢慢热闹起来。工地的竹棚里又闷热又潮湿，夏季的台风和蚊子是最让人头痛的问题，很多建设者一家几口挤住在竹棚里，一住

深圳博物馆展区对基建工程兵集体转业建设深圳的情景进行还原

就是几年。后来的深圳市建设集团公司正是由这两万转业的工程兵所创立。深圳三天一层的国贸大厦、深圳市老市政府办公楼、深南大道等这些早期的基建设施，都是工程兵建设的成果。

1980年深圳经济特区刚建立，深圳市委市政府提议在政府大院里建一座雕塑，一来表达开拓精神，二来鼓舞广大来深建设者，于是邀请了有名的雕塑家潘鹤来创作雕塑。《深圳商报》在2010年3月5日发表的《最令我开心的是雕塑〈孺子牛〉》（根据《孺子牛》雕塑的作者潘鹤的口述整理）中提到，雕塑最初的构想是"大鹏鸟"，既代表深圳，又寓意一飞冲天，但考虑到"大鹏"在院子里难以展翅，这个方案被否定了。后来市政府又想在大院里做莲花雕塑，以告诫领导干部们，和资本主义打交道一定要做到"出淤泥而不染"。但有人认为"淤泥"指向不明确，是西方国家还是香港？再者，将外界称为"淤泥"似乎不妥也不礼貌。于是"莲花喷池"的方案也被否定了。最后有人提出以"狮子"雕塑显示威严，反对者认为既然改革开放了，"狮子"有封建衙门和摆架子的嫌疑，拉开了和群众的距离，这个设想自然又被否决了。

时间来到1983年，有一天雕塑家潘鹤和梁湘聊天，从那些忙碌的推土机、拖拉机和经济特区建设者，联想到埋头苦干的开荒牛。几天后，潘鹤去关外宝安县办事，偶然间用八块钱买了两块造型独特的老树根，以此作为《开荒牛》雕塑"树根"部分的实物参照。《开荒牛》雕塑的方案通过了，象征着经济特区开拓精神的《开荒牛》雕塑诞生了。市领导认为"人民公仆就是人民的孺子牛"，经过讨论将《开荒牛》的名字更改为《孺子牛》，取"俯首甘为孺子牛"之意，并将"孺子牛"三个字刻在了雕塑的基座上。

《孺子牛》雕塑是一头开荒牛全身紧绷，牛头抵地，四腿后蹬，竭尽全力拉着一块大树根，造型鲜明地体现出埋头苦干、奋力向前的开荒牛精神，轮廓和线条极富动感和美感。一尊凝聚着经济特区开拓精神的雕塑就这样呈现在世人面前。

1984年7月27日,《孺子牛》雕塑落成。1999年,深圳市委将雕塑整体迁到大门外的花坛。同时,将市委大院围墙后退10米,为市民再腾出一块绿地,方便游人参观留影。

深圳40多年来的高速发展让人惊叹,而"孺子牛"无论在什么时候都深受人们喜欢,"开荒牛"精神也永不过时。一座城市要继续发展,需要一大批"开荒牛"继续引领潮流,进一步解放思想,继续去"开荒",在更多的未知领域大胆改革、创新,永不停步。这是"开荒牛"的使命,更是深圳"孺子牛"精神的最好归宿。

《孺子牛》雕塑

# 华强北，一个时代的视窗

上午九点，整个华强北开始沸腾了。街边的早餐店前排着长队，有人坐在店里优哉游哉地喝着咖啡，也有人举着一块面包匆忙赶路，边走边吃；工人拉着堆满货物的小型平板车在人群中穿梭；工厂老板开始奔走于电子柜台间找配件；林立的大厦下，安保人员准备就绪；步行街两边的店面先后开门，电梯口也挤满了人……井然有序中又带着几分匆忙。这些，构成了华强北的常态。

华强北指的是华强北商业区，南起深南大道，北至红荔路，东抵上步路，西接华富路，面积1.45平方公里左右。40年前，这里一片荒芜，杂草丛生，几亩薄田、几座山丘点缀其间。如今，这里矗立着世界最高的钢管混凝土架构大厦——72层的赛格大厦，有中国第一家电子专业市场——赛格电子器材配套市场、大型电子和电脑专业市场——华强电子、国内最大的手机交易中心——远望数码。位于福田区的这一块弹丸之地，不仅是亚洲最大的电子产品交易平台，还是世界电子产业的风向标。许多电子产业和通信行业的领军人物，如腾讯的创始人马化腾、神舟电脑的创始人吴海军、TP-LINK路由器的创始人赵建军……他们都以这里为起点，一步一步走向世界。

从电子大厦的破土动工、上步工业区的建成、电子专业市场的形成，到成功跻身"中国电子第一街"，"电子"一直是这里最闪亮的名片。与此同时，历经两次改造，曾经以"电子"闻名遐迩的华强北也出现了新的面貌。

经历了艰难与繁华，落寞与重生，华强北的发展史就像一部波澜壮阔的史诗大剧，剧情跌宕起伏，扣人心弦。人们不禁好奇，这样一个商业奇迹的诞生，究竟有着怎样的传奇经历，它的未来又将飞向何方？

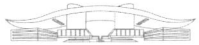

上　1983 年的华强北工业区
中　2002 年的华强北街景
下　2020 年的华强北街景

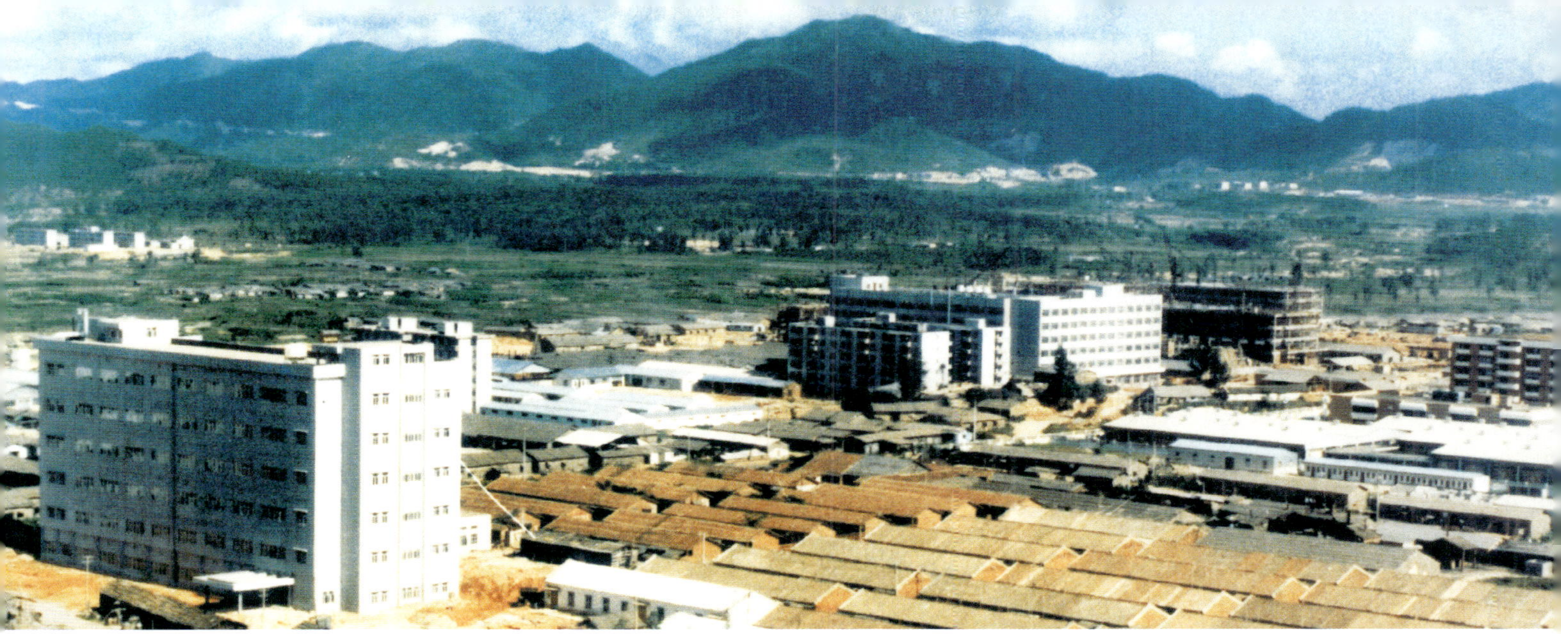

SAMSUNG
专业市场
lenovo
LG
国美电器

万商电器城
万美 Wan Mei
美妆城
MAOYE
HONOR
国美电器

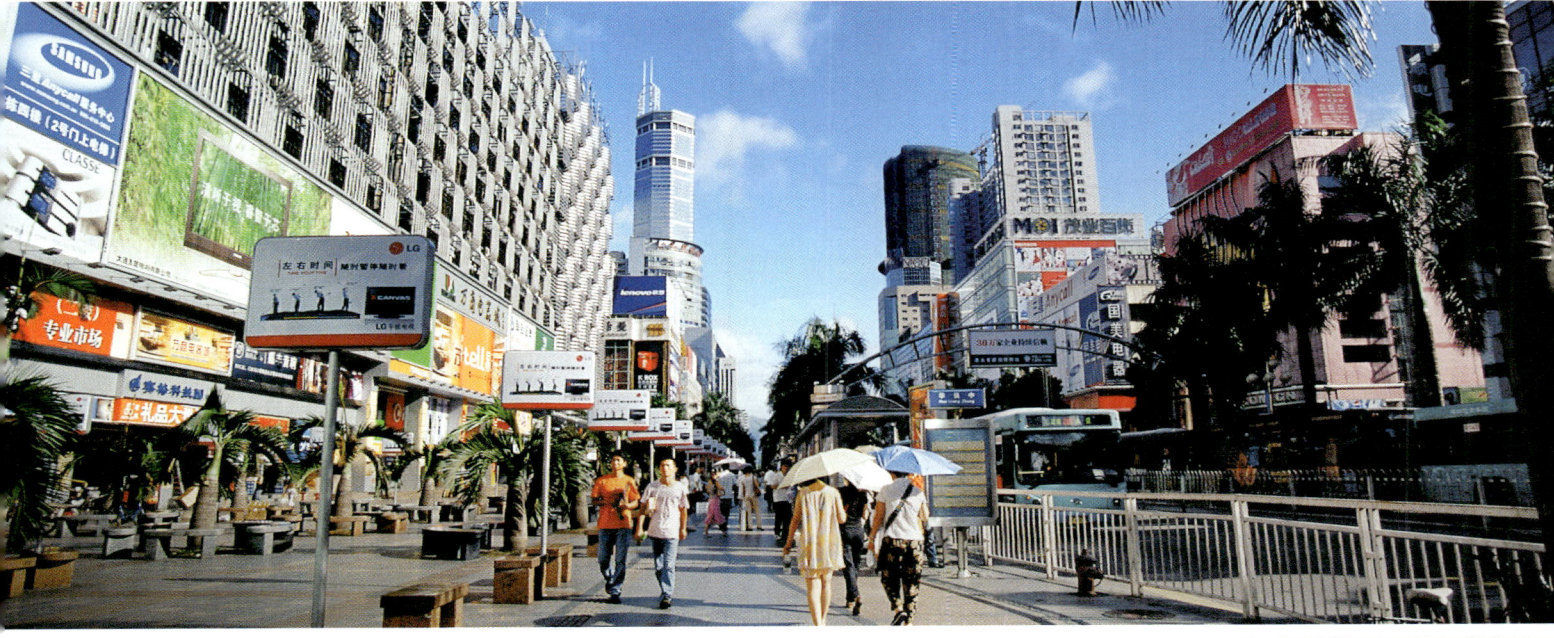

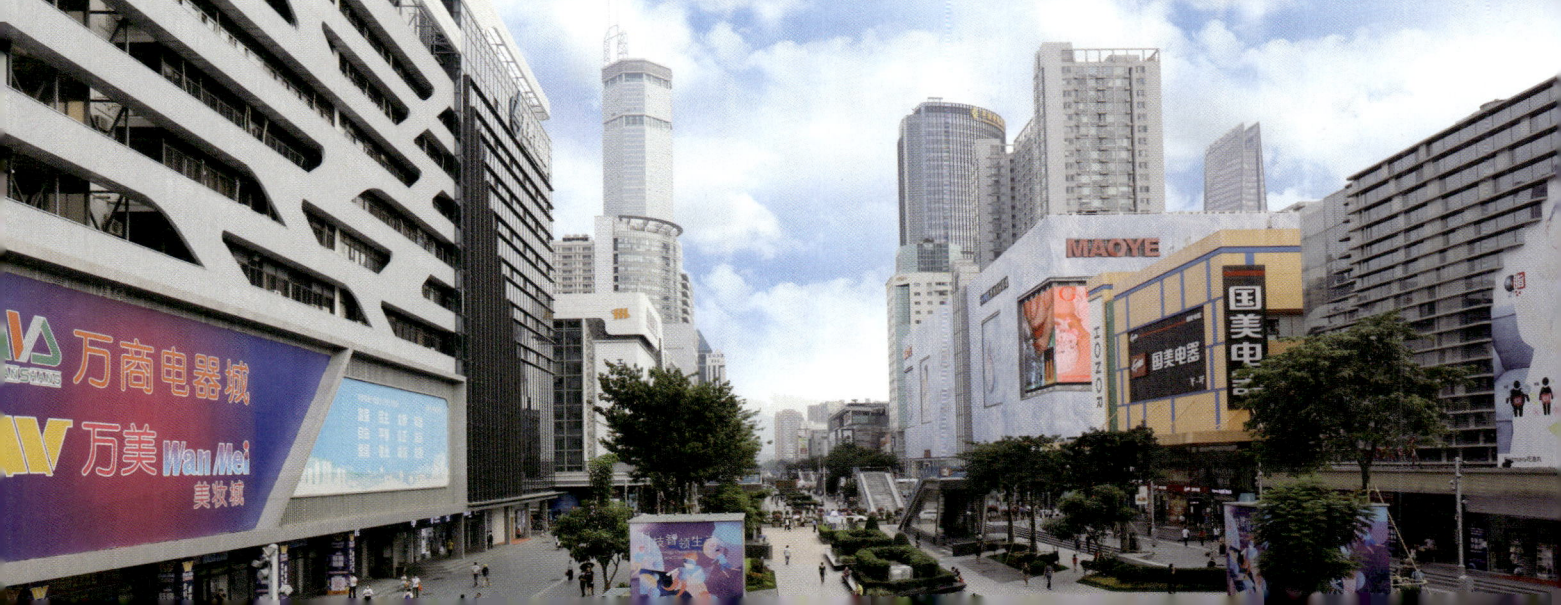

## 脚印·电子专业市场的形成

1986年1月6日,我国第一家电子集团公司——深圳电子集团公司正式成立,共由117家电子企业联合而成。1988年1月,深圳电子集团公司正式更名为深圳赛格集团公司。同年3月28日,赛格电子器材配套市场在华强北开业,这是中国第一个电子专业市场。

这个配套市场的建立，并不是一件容易的事。当时，电子元器件产品的供应难、配套难、灵活性差等问题，严重制约着深圳电子信息产业的成长速度与发展规模。

　　为了解决电子元器件配套的问题，深圳赛格集团创始人马福元想了很多办法。他曾经去日本东京考察，参观过东京秋叶原电子市场。这个市场的元器件品种繁多，应有尽有，世界各地的厂商都在此设立门面。受此启发，马福元决心成立一个中国的"秋叶

华强电子世界，是目前中国规模最大、产品种类最齐全的综合电子专业交易市场

原"。和马福元预想的一样，电子器材配套市场打开之后，尽管只有1400多平方米，但生意却异常火爆。

1993年1月，北京电子产业界权威人士王殿甫接过马福元董事长的大旗，对赛格集团进行大刀阔斧的改革。他将赛格集团以资本运营进行资产重组，让拥有4家上市公司的"赛格系"在资本市场迅速发展。为了适应市场发展需要，1998年，在深南大道和华强北交会处开发建设赛格广场。赛格大厦建成之后，原先的电子元器件配套市场也搬了过来，市场面积得到了扩充。

随着赛格大厦的建成，电子市场的火爆，人流量不断增加，华强北这个地段的商业价值便显露出来了。1998年，面积达6万平方米的华强电子世界在这里成立，电子专业市场的商业形态形成。

巨大的市场"蛋糕"吸引着各路"诸侯"，远望数码城、赛博数码城、太平洋安防市场、都会电子城、新亚洲电子商城、中电电子市场、明通通信市场、桑达电子通信市场等纷纷在此安营扎寨，华强北的电子市场发展进入鼎盛时期。

推动整个市场向前发展的，是电子产品的推陈出新，是人民群众对物质生活与精神生活孜孜不倦的追求。从当初通过"三来一补"方式组装起来的袖珍收音机、电子表、录音机，到20世纪90年代中期生产的BB机、"大哥大"、电脑、VCD、DVD、数码相机、摄像机等，电子产品日新月异，极大地改变和丰富了人们的生活。华强北的电子市场也由原来单一的电子元器件市场，发展成为集电子元器件、IT数码产品、手机通信产品以及相关配套产品于一体的大型综合性电子专业市场。

到2014年底，华强北电子专业市场已发展到28家，总营业面积超过50万平方米，日均客流量达50万人次，电子类产品年销售额达到1000亿元以上。这个被称为"中国电子第一街"的小小街市，创造了四项全国第一：电子专业市场经营面积第一、经营电子产品品种型号第一、市场销售额第一、市场辐射影响力第一。

1997年华强北的电子车间

### 梦想·繁华背后的创业故事

　　如今国人熟知的腾讯,最初的办公地点就在华强北的赛格科技园2栋4楼。这是一间不起眼的办公室,狭窄的空间和如今的腾讯大厦不可同日而语。就是在这里,马化腾率领着五个小伙伴,开启了腾讯的发展。在最艰难的时候,公司账面上仅剩一万块钱。但他们坚持了下来,今天的腾讯,已然是比肩国际巨头的大型企业。

　　深圳新天下集团的董事长、神舟电脑的掌舵人吴海军,最初也是从赛格电子配套市场起家。当年在华强北可谓一柜难求,无奈之下,吴海军只得跟人合租柜台。有了属于自己的柜台,吴海军开始细心经营,售卖电脑零配件。1995年电脑组装机开始流行,吴海军敏锐地判断出电脑销售的春天已经来临,于是他开始囤货,将香港的两三家供应商的库存全部买了下来。春节过后,市场的表现果然如吴海军所料,呈现井喷之势。仅此一批,吴海军便收获近2000万元的利润。

赛博数码,2003年在深圳成立集团总部

马化腾和吴海军的创业故事，是许多华强北创业者的缩影。地处福田咽喉部位的华强北，不仅是电子元器件和电子产品的采购中心，同时也具备了技术引进、技术交流、产品发布、产品研发、物流配送等多个功能，许多人的"创业梦"在这里变为现实。

2007年10月12日晚上7点，"华强北·中国电子市场价格指数"正式向全球发布。该指数分为电子元器件指数、手机指数、数码产品指数和IT产品指数四个板块，为企业和机构参考决策提供准确的数据支持，同时也扮演着中国乃至全球电子产品交易"风向标"的重要角色。2008年，华强北在中国电子商会组织评选的"中国电子第一街"活动中，凭借庞大的销售额和全产业链的优势，一举拔得头筹。

赛格电子市场

## 意外·华强北商业圈的形成

1994年7月,万科旗下的万佳百货从罗湖迁至华强北。华强北巨大人流量下隐藏着巨大的商机,而万佳百货此次入驻,完全是一次大胆的试水,从货物的存储模式到业务模式,都较以往有了巨大的改变。若干年后的人们发现,他们所熟知的超级市场,正是从万佳百货开始的,那是中国首次开启仓储式百货业态,比沃尔玛进入中国要足足早了两年时间。

开店当天,华强北万佳百货店营业额达三四十万元,而春节期间一天的营业额直接飙到了200万元。因为人手不足,连董事长王石都亲自奔赴一线装袋,生意之火爆可见一斑。

两年后,沃尔玛进入中国,以"天天平价"的价格优势俘获了消费者的心。面对强劲的竞争对手,万佳百货开始调整自己的战略,形成"超市+百货"的模式。事实证明,这一模式是成功的,这也被后来的商家们称为"万佳模式"。

万佳百货不仅仅是一个商场,也是一个时代的记忆,深圳人民对万佳百货是有感情的。2001年,因租约到期,万佳百货不得不搬离华强北。当时《深圳晚报》甚至还发起挽留万佳的倡议。万佳百货在华强北的成功,激活了华强北商业圈,1995年,"女人世界"开业,生意红火。接着,"男人世界""儿童世界"相继开业。顺电,这个当年的电器小卖部,也借着华强北的东风,发展成知名的电器连锁品牌。华强北路周边的振华路、振兴路、华发路旁的厂房也进行翻新,新兴的业态涵盖了综合百货、特色餐饮、服装市场、电子城、电器城、金融服务、娱乐等。

2020年的华强北商业步行街

这是一个超出所有人预期的商业裂变。现在的华强北，汇集了电子、电器、安防、通信、钟表配套、服装、百货、银行证券、保险、宾馆酒楼、休闲娱乐等多个业态，成为一个南起深南大道，北至红荔路，东抵上步路，西接华富路，面积1.45平方公里的超级商业圈。

## 瓶颈·华强北的尴尬处境

那场几乎撼动华强北根基的海啸，便是"山寨"。这个沉重的字眼，不知道从何时起，便如影随形般地跟在华强北的身后，让这个"中国电子第一街"处境尴尬。

2003年底，手机的生产变得格外简单。台湾有一家叫作MTK（联发科）的公司，将手机的各种功能集中在了一块芯片上，这本是手机技术研发领域的一次突破，却意外地打开了华强北"山寨"手机的"潘多拉"之盒。MTK的芯片突破只是为"山寨"手机的诞生提供了技术上的可行性，"山寨"的大规模泛滥还因为华强北强大而完善的产业链优势。正如华强北商场的工作人员所说，在一楼采购电路板，二楼采购电池，三楼采购摄像头、外壳等，采购完这些，就可以装一台手机了。这种完整的产业链，为"山寨"产品的大规模生产提供了便利的外部条件。这样组装的手机，外形上模仿知名品牌，价格也便宜，但却没有研发技术的支撑，也没有完善的售后服务。

2007年开始，相关监管部门开始对假冒伪劣产品实施打击，不少以"山寨"产品为核心产品的企业纷纷倒闭。另外，人们对于电子产品的认知程度越来越高，品牌意识也越来越强，消费者逐渐将目光投向正品，关于华强北没落的言论甚嚣尘上。

2010年，小米手机横空出世。通过互联网销售的模式，小米最大限度地降低了手机的营销成本，这让品牌智能手机探底市场价格成为可能。短短的两三年时间，智能手机市场的格局便被以小米、魅族等为首的一批国产品牌手机彻底改变。除苹果之外的各大手机厂商开始纷纷降价，手机市场的竞争进入白热化阶段。2013年，智能手机进入洗牌之年，诺基亚将手机业务卖给了微软，黑莓也出售给了财团。品牌手机的降价，让"山寨"手机的市场逐渐缩小。与此同时，电子商务日趋成熟，让人们见识到了它的强大力量，拥有着众多实体店的华强北该以何种方式实现它的华丽转身呢？

## 蜕变·顺应时代的产业升级

产业升级，这是华强北应对此次危机的战略举措。它不仅需要政府进行牵头与规划，还需要企业和商家的配合，从城市空间到市场战略来对华强北商圈进行立体性的改造，实现多元化的产业升级。

在市场环境的影响下，华强北的商家们开始转变思维，寻求突破。他们开始注重产品质量，回归产品本身，建立自己的品牌。随着"中国信息谷"的建立，许多人告别简单的租柜台做买卖的模式，开始抢占集产品研发、供应链管理、金融服务等于一体的全产业链高地。

在保留实体店的同时，积极试水电子商务。华强北在线——这个囊括了华强北所有商家的电子商务平台，是华强北在电子商务上的一次试水，它以电子产品以及电子元器

赛格电子市场柜台

件为主打,开辟电子商务渠道的细分市场。该平台在产品质量方面把关严格,坚决抵制以次充好等自损品牌的行为。

区域性的转型升级,必然需要大企业的带动。深圳中航、华强集团、赛格集团、深圳中电这华强北的四大"电子天王",走在了华强北转型升级的前列。2009年,中航地产启动中航苑整体升级改造,打造集五星级酒店、超甲级写字楼、超级购物中心、国际服务标准公寓、高档公寓于一体的城市综合体。2012年8月,中电集团跟深圳市政府签订了战略合作协议,将在福田区落户中国电子的千亿国际总部,协助深圳市打造"中国信息谷",搭建万亿产业平台。2014年4月8日,华强集团在华强云产业园召开新闻发布会,宣布华强云谷正式成立,为智能硬件的品牌化发展助力。而早在2001年,华强集团便在"文化+科技"这条多元化发展之路上迈出了第一步。由华强公司出品的原创

华强电子世界柜台

高72层的赛格广场,地处深圳华强北商圈的核心位置

少儿动漫《熊出没》获得第十届中国动漫金龙奖；方特欢乐世界主题公园今已在国内二十多个城市落户，并出口南非、乌克兰等地。

在华强北转型升级的同时，一种现象引起了人们的关注，那就是自2014年底开始，到华强北来的外国人增多了。究竟是什么吸引了这些人的到来呢？

那几年，随着智能手机与互联网的无缝对接，云计算、大数据等一系列全新的科技概念被提出来。这些理论的最终实现载体便是智能硬件。智能硬件是继智能手机之后的一个科技概念，通过软硬件结合的方式，对传统设备进行改造，进而让其拥有智能化的功能。智能化之后，硬件具备连接的能力，实现互联网服务的加载，形成"云+端"的典型架构，具备了大数据等附加价值。

美国硅谷第一家专门关注智能硬件创业的孵化器HAXLR8R的深圳总部便位于华强北，在略显拥挤的办公室，聚集了来自美国、英国、新加坡等地的十个创业团队。供应链管理企业PCH旗下的硬件创业加速器Highway1也被华强北吸引，尽管还没有真正驻扎华强北，但在每四个星期的"孵化"过程中，Highway1会专门拿出两个星期的时间，让硬件创业者来到华强北，参观元器件市场，和潜在的合作厂商进行洽谈。除此之外，还有很多国际硬件创业者来到华强北，他们看中了华强北硬件与软件相结合的资源优势。

福田 - 华强北

华强北的资源优势，外国人能够看得到，深圳人自己自然也心如明镜。华强云产业园的成立便是福田区政府依托华强北的产业链优势对其进行转型升级的重要举措之一，十多家高科技企业云集于此，通过打造"华强智慧交通云""华强教育云"以及"华强云谷电商平台""华强高端制造服务平台"在内的"两云两平台"体系，形成全新的产业链条，以推动智慧城市、教育科技、互动式运营平台，以及高端制造业服务平台的快速发展。

这个时代以绿色环保、智能化、个性化、人性化等创新为特点，掀起了第四次工业革命浪潮，而华强北凭借其强大的电子市场基础，终将突破发展的瓶颈，以一个崭新的容颜，成为时代的弄潮儿。

华强北九方购物中心

不可否认的是,从一片荒芜之地,到一座座工厂落地生根、成就电子市场的传奇,再到如今美妆这一业态在此崭露头角,华强北繁华过、落寞过,但是这里的人们有着如老黄牛般勤劳吃苦的"实干家"精神,也有着对接世界信息的敏锐眼光,更有着一股永不放弃的韧劲。有了这些,华强北的"可能性"还将继续书写……

从西往东眺望华强北

## 上海宾馆，深南路上的海派标志

华富路与深南中路交会处，有一座十二层高的宾馆，蓝色的立面、白色的罗马穹顶在鳞次栉比的高楼中显得非常雅致，这就是上海宾馆。这里曾经是深圳市城区与郊外的分界点。

"你在上海宾馆门口等着，我马上过来接你。"这是许多老深圳人刚抵埠时接到的第一通电话。他们都曾拎着行李，在这个十字路口等待亲友或同学接自己融入这座充满激情的城市。在很多人的记忆里，上海宾馆不是一个冷冰冰的城市地标，而是他们放飞希望和理想的起点。

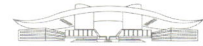 1984 年，建设中的上海宾馆，往后 30 多年，一直是深圳的建筑地标

1979年，上海石油化工总厂在上海市金山县（今金山区）成立。当时厂区许多设备都从国外进口，需经香港入境深圳，再转运上海。由于出国考察人员比较多，上海石化便有意在毗邻香港的深圳经济特区兴建一座宾馆。

1983年，在中国航空技术进出口公司深圳工贸中心（今深圳中航）、香港深业企业有限公司（今深业集团）、上海石油化工总厂金山宾馆三方的合作下，宾馆就破土动工了。1985年10月，十二层高的上海宾馆隆重开业，最初拟定名为"中航宾馆"，后因主要投资方来自上海，改名"上海宾馆"。

2020年，深南路边的上海宾馆，成为深圳的历史地标

深业集团是深圳市政府在香港的窗口企业,在香港注册,上海宾馆作为其合资企业,在进口报批、完税等方面得以享受一系列优惠政策。当时上海宾馆的部分建筑材料、电器、车辆等都是从国外进口的。

在20世纪80年代,上海宾馆以东建起了高楼,而上海宾馆以西还只是一片农田和一条泥路,汽车驶过总是扬起漫天尘土,下雨天则泥泞不堪。1987年,"福田路口"公交站改名为"上海宾馆"站。"上海宾馆"站就像一座城门,从西边那条黄土路过来的人们,到了上海宾馆就有了进城的感觉。许多人因为在这里乘过公交车而知道上海宾馆,无形中上海宾馆已成为这座城市的"坐标原点"。

1991年深圳机场通航,往返于市区与机场之间的巴士,风挡玻璃前几乎都摆着一块显眼的路线牌:"机场—上海宾馆—火车站"。所有飞来深圳的人,第一眼都能注意到上海宾馆。如今,黄土路早已化为承载梦想的城市大动脉,城郊也不再在此分界,"上海宾馆"站见证了深南路这条锦绣大道的巨变。

上海宾馆开业初期,正是香港文化盛行的时候,到处刮着"港澳风",香港的流行音乐、喇叭裤、港式早茶大行其道,而上海宾馆的"海派风"却独树一帜,让人耳目一新。宾馆外观以仿老上海滩建筑设计,宾馆里面门廊、把手、玻璃印花、蕾丝窗帘、壁画等也全是海派风格……宾馆招的服务员全是上海人,服务员穿着双襟斜扣的衣服,温柔的语调,盈盈的笑容,那是江南女子的温婉。这些都是海派文化在上海宾馆中的体现。上海宾馆最早的服务对象定位于来深圳的上海人,让在深圳的上海人能吃到上海菜,见到上海人,有家的感觉。这条推广海派文化的路子,无意间为日后明晰的差异化竞争策略奠定了基础。尤其是地道的上海菜,掌勺的大厨都是从上海请来的。每到金秋时节大闸蟹上市时,每天都从上海空运四五筐阳澄湖大闸蟹到深圳,天天卖得精光。不仅是深圳人,连香港人也特意结伴前来品尝。

宾馆十楼的"夜上海"歌舞厅,以"老上海"的怀旧韵味,在深圳引起了轰动效应。他们特别从"远东第一乐府"上海百乐门大饭店请来几位老乐手组成乐队。霓虹灯下,萨克斯一声前奏,怀旧的夜晚就从身穿旗袍的女歌手开始,一颦一笑似足周璇,开场曲子就是那首动人的《夜上海》:"夜上海,夜上海,你是个不夜城……"慕名而来的客

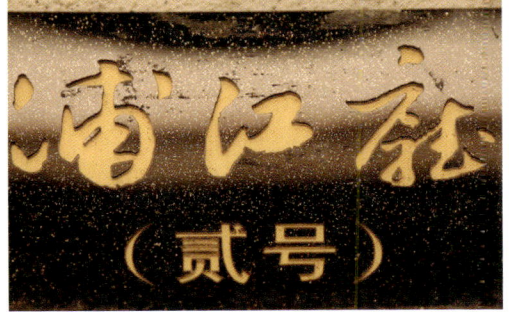

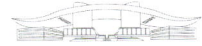 上海宾馆内的海派文化元素,有浓浓的怀旧味道

人晚晚爆棚。由于消费不贵，这里一度成为深圳最具影响力的交谊舞场所。2002年"夜上海"歌舞厅结业，这里成为许多老深圳人的美好回忆。

三十五年前，当上海宾馆在这片荒凉的土地上拔地而起时，谁也不会料到，这栋仅有12层高的建筑会成为深圳的地标之一，被评选为"深圳改革开放十大历史性建筑"

 上海宾馆公交站，许多人因为在这里乘过车而知道上海宾馆

之一，承载了传承经济特区历史文化的使命。她的去留甚至牵动着无数深圳市民的心。2004年深圳两会上的"上海宾馆该不该拆"的提议，引起市民的广泛关注。如果将上海宾馆推倒重建，浓缩在其中的深圳记忆就会被清零。一拆一建，可以增加地区生产总值，但是拆掉的可能是城市最宝贵的价值，是资产负债表上列不出的宝贵财富。

在上海宾馆开业三十五周年之际，这座精致的建筑依然静静矗立在闹市一隅，如一帧老照片，氤氲出一股浓得化不开的怀旧情怀。经过岁月的洗礼，她的美渐渐沉淀，历久弥新。

2020年的上海宾馆

2019年的水围村，干净整洁，还带有异域风情

# 城中村的变迁

人类社会的发展，是由个体向家族、家族向团体、团体向社会演变的过程。城市的发展，大体也依附于这种树状扩张、循序渐进的规律——先是由单体民居构成最早的村落，然后从村落步向城镇，再由城镇演变为城市。在城市的发展过程中，农民洗脚上田，曾经的农田和荒野中建起了一座座高楼，但村落并没有消失，而是从传统的村落转变成今天的城中村。

回顾历史，我们可以发现，城中村的产生与变迁，是改革开放四十多年的缩影。1978年中国改革开放后，随着城市的快速发展，在中国珠三角地区，一些农村被纳入城市版图，成为都市中的乡村。这种城市包围农村的现象，使"城中村"急剧演变为一个在现代城市中流行的名词。在四十多年的时间里，人们或切身经历，或以其它途径解读着这一伴随改革开放出现的矛盾体。之所以说是矛盾体，是因为在城市的发展过程中，城中村不可或缺，它们就像一个个能量巨大的反应堆，聚集着各个行业、各个阶层的人才，源源不断地往城市输送动力。在特定时期里，城中村承担着城市发展与扩张的功能，但当城市扩张到一定程度之后，城中村又不可避免地成为环境以及治安等方面发展的制约因素。因此，城中村的改造与升级，作为一项城市进化工程，被提到了每一座城市的面前。

深圳是中国改革开放的窗口，它的发展与进步，体现着改革开放的成果，这座城市对城中村的改造，也走在了中国的前沿。谈起深圳的城中村，自然离不开福田。深圳共有城中村240多个，福田区有15个。作为深圳的中心区域，福田区的这15个城中村，基本上代表了深圳城中村的过去、现状以及未来。在过去的几十年里，城中村的存在对福田的发展起到了不可估量的作用。近些年来，福田区不断加大力度对城中村进行改造。

2005年5月22日下午1时，是个值得所有福田人铭记的时刻。那一天，在福田区渔农村内传来一阵巨响，16栋高楼应声而倒，在响彻天际的爆炸声背后，掀起的不是战争，而是一场城市改造。福田渔农村这一爆，奏响了深圳城中村改造的序曲。拆建改造过后的渔农村已今非昔比。走进福田重建后的渔农村，一眼就可以看到，经过规划的栋

2005年，福田区进行了渔农村旧楼爆破

栋高楼，充满都市气息，昔日的城中村已成为往事。作为深圳城中村拆除重建的试点，渔农村就像一个支点，支撑着城市发展的杠杆。那一声爆破，撬开了城市由无序向有序，由率性向理性演变的开端。

在深圳这座城市高速发展的背后，为城中村留下了广阔的生存空间，深圳由此成为城中村生长的肥沃土壤。对于大多数人来说，如果将在深圳打拼的一生视为一张蓝图，那么城中村就是蓝图中的起点。那些初到深圳的创业者们，也许只有在城中村里，他们才会发现深圳离自己是如此之近。那时候，城也许不是他们的城，但给予他们安身之地的城中村，一定是他们的村。海纳百川，有容乃大，城中村的发展变迁，是福田的一大特色，也是深圳的一大特色。它们就像一面镜子，反映着改革开放以来这座城市的经济与文明的进化历程，同时也折射出这座城市强大的包容性。城中村的包容，冲淡着游子

旧的渔农村拆除，新的渔农村很快就破土而出

们身处异乡所面临的冷漠。时至今日,城中村已成为大多数深漂者共有的记忆。

对于深圳来说,城中村的出现是必要的,就像一座森林,没有灌木和草地,无法构成森林的整体之美。城中村的存在,使深圳更多元、立体、丰满。然而,城市的进化,归根结底是生活方式的进化,任何一种过时的生活方式,终将被更为先进、更为合理的生活方式取代。城中村的变迁和进化,也代表着城市的发展和进步。

城中村就像一面镜子,反映了这座城市的进化历程。图为皇岗村

城中村的变迁和进化,也代表着城市的发展和进步

SHEN ZHEN
**FUTIAN**

## 文化 福田

每一处，
都是一个知识大礼包 103

"打卡"艺术文化地标 133

阅读，重识一座城 149

CHAPTER TWO

SHEN ZHEN **FUTIAN**

**福田**是一片被
文化滋养的土地，

众多**历史性、专业性**的展馆
散落在福田各处，
每一处
都是一个**知识大礼包**。

在**深圳博物馆**，
可以读懂深圳的前世今生；

在**工业展览馆**，
可以了解**改革开放**后
深圳**工业和科技的发展**；

在少年宫，
八大主题展区
带你**探索科学的奥秘**……

# SECTION I

**每一处，都是一个知识大礼包**

深圳博物馆 *104*
深圳市当代艺术与城市规划馆 *108*
深圳市工业展览馆 *112*
深圳市少年宫 *116*
象棋博物馆 *120*
水围雅石艺术博物馆 *123*
钢琴博物馆 *127*
下沙博物馆 *128*

# 深圳博物馆

博物馆是一个城市最闪亮的文化历史名片之一。深圳博物馆是深圳市唯一的国家一级博物馆,里面展示的深圳地区的历史发展、文物古迹等,为我们呈现了一个不一样的深圳,同时也告诉人们,这座在改革开放中崛起的现代化大都市,同样有着厚重的历史文化。

深圳博物馆建立于1981年,最初馆址位于今福田区深南大道北侧的同心路,该馆被评为"深圳改革开放十大历史性建筑",为古代艺术馆,2015年8月以来暂停开放。深圳博物馆新馆位于深圳市民中心A区,于2008年正式对外开放,为历史民俗馆,是今深圳博物馆的主要场馆。馆内馆藏丰富,设计先进,充分运用了三维成像和虚拟现实等各种高科技,被誉为国内最现代化的博物馆。

博物馆一楼展厅明亮宽敞。2019年暑期,一楼中央展厅举办脊椎动物骨骼及古生物化石标本的展览。该展览由深圳博物馆和北京自然博物馆联合精心打造,以70余件脊椎动物的标本,全面展示了骨骼和生命的演化进程。当时博物馆一楼除中央展厅外,还有左、右两个儿童馆展厅,正展出"贝林先生捐赠的世界野生动物标本展",这是美国爱心慈善家贝林无偿捐赠给深圳博物馆的第一批野生动物标本。

二楼展厅分为"古代深圳"展厅、"近代深圳"展厅和"深圳民俗文化"展厅。"古代深圳"展厅有"先民足迹""城市开端""海洋经济""海防重镇""古代移民"等五大部分的陈列,通过数百件深圳地区出土的文物、历史文献以及栩栩如生的模拟场景,展示了地处南海之滨的深圳,是一座有着6000多年人类开发史和海洋经济发展史、1600多年的郡县史、600多年的海防史,以及有着悠久的广府民系和客家民系移民史的城市,为参观者清晰地勾勒出古代深圳的历史轮廓。

上 博物馆于2019年举办"脊椎动物骨骼及古生物化石标本展"
中 博物馆二楼的古代深圳展厅
下 博物馆内展出南朝墓出土的陶器

④

立春"鞭打春牛"习俗的情景塑象

《曾生回忆录》

大疆无人机

博物馆内的仿南宋龙津石塔

"近代深圳"展厅以深圳人民反侵略、反封建、反官僚资本主义的"百年抗争"和反映民生状况的"社会经济"为主线，通过400多件实物和300多幅图片，辅以雕塑、油画、壁画、场景复原、影视等陈列艺术手段，翔实生动地展示了近现代深圳的发展历程。

"深圳民俗文化"展厅把深圳的民俗分为了区域民俗、广府民俗、客家民俗和海洋民俗等四大部分，为人们了解深圳的历史文化提供了一个独特的视角。深圳非常重视民俗文化的挖掘和整理，如旧时每到农历立春时"鞭打土牛催春耕"的民风习俗，"凉帽遮颜唱山歌"等古老的客家习俗。最引人注目的是展厅口众多惟妙惟肖的蜡像，还原民俗场景，形象逼真，生动有趣。通过场景还原等方式，展示鲜活的"乡土深圳"，让人了解深圳以广府和客家民系为主的传统民俗文化。

"深圳改革开放史"展厅布置在博物馆的三楼，这是博物馆展出内容的重中之重。以改革开放前深圳地区的状态为铺垫，根据深圳四十年来经济社会发展状况，以及各阶段的目标任务，按时间顺序分四个篇章。通过历史照片、资料和实物，辅以影像资料，展示了深圳经济特区一路发展的艰辛和成就。改革开放初期，深圳开展城市基础设施建设，发展工业，招商引资；20世纪90年代，实行"引进来"和"走出去"相结合，大力发展高新技术产业，促进产业优化升级；2002年后，深圳以科学发展观统领经济社会发展全局，加快战略性新兴产业发展，提高城市规划建设水平，努力建设生态文明城市；党的十八大以来，中国特色社会主义进入了新时代。深圳大胆探索，勇于创新，率先在诸多领域取得了突破性成果，如今更是开启了建设中国特色社会主义先行示范区的新征程。

此外，位于福田区的深圳市当代艺术与城市规划馆，其四楼、五楼为深圳改革开放展览馆，是深圳博物馆的分馆。

深圳博物馆以原创、引进、合作办展等形式已举办专题展览900多个，年均20多个。曾展出四羊方尊、金缕玉衣、秦始皇兵马俑、越王勾践剑、子龙鼎等国宝级文物，也有英国、法国、美国、意大利、印度、埃及等国家和地区的文物艺术精品。深圳博物馆是展示深圳历史、文化的一扇窗口，如今，深圳博物馆已然成了许多来深游客的必到之地。

# 深圳市当代艺术与城市规划馆

**酷**炫的视觉感、超前的现代感、浓厚的艺术感,这些描述都与深圳市当代艺术与城市规划馆相吻合。这座历时四年建成的展馆位于深圳市福田区福中路184号,地铁少年宫站A出口,邻近市民中心、深圳书城,交通十分便利。

从外观上看,建筑打破了现代建筑水平、垂直、对称的规律,由大量扭曲、翻转、不对称的异型钢结构布置而成,给人以全新的视觉冲击。走进这座建筑,一个巨型不规则的"云雕塑"赫然呈现在眼前,乍以为来到了外星球。其光滑流畅的线条在复杂的空间结构中延伸扭转,形成一个如同积聚着巨大能量的生命体,那股积攒着的生命力仿佛能够震天撼地。放眼四周,由不规则的钢材构筑而成的空间结构变幻多端,阳光通过玻璃幕墙流进其间,光影重叠形成多种图案,给人以奇妙的体验感。这也是其成为"网红打卡地"的重要吸引力之一。

这是深圳中心区大型公共文化建筑,由当代艺术馆和城市规划展览两个独立的博物馆构成。其中,当代艺术馆是大型公益性艺术机构,以当代艺术的展示、收藏、研究、推广、教育为主要功能,涵盖

深圳市当代艺术与城市规划馆建筑外观

雕塑、摄影、绘画、影像、多媒体等设计艺术领域；城市规划展览馆是展示城市规划和发展历程的窗口，也是公众参与城市规划和家园教育的重要场所，通过多种新型展示技术和先进设施与观众积极互动。尽管这两个实体有各自的功能和艺术要求，但它们又合并于一个由多功能立面包围的整体中，从外观上看浑然一体。

　　自2017年12月28日试运营以来，场馆已经举办了"雕塑四十年""深圳时装周""深圳设计周""韩天衡书画印展"等展览与活动，在提升城市软实力、推广新锐艺术和展示城市规划设计上具有重要的意义，是深圳向更高层次文明迈进的一个重要里程碑。

展览馆内对改革开放初期的蛇口情景再现

  场馆的四楼、五楼为深圳改革开放展览馆，在中国改革开放40周年之际举办的《大潮起珠江——广东改革开放40周年展览》，每天观览者络绎不绝。展览通过照片、实物、视频、模型、场景、雕塑等内容，将广东省一路走来的辉煌历程全面、生动、立体地呈现给受众。此外，多种高科技手段和体验项目的设置增强了现场互动性和活动趣味性，不少市民乐在其中。

  夜幕降临，灯光亮起，不规则建筑面上的几何线条在光影中交错融合，整座建筑在夜幕下熠熠生辉。

深圳市工业展览馆,位于市民中心黄塔

# 深圳市工业展览馆

工业在国民经济中占有极其重要的地位,它决定着国民经济现代化的速度、规模和水平。透过一个国家、一个城市的工业发展史,可以窥见其技术水平和经济发展水平。深圳市工业展览馆是观察深圳经济特区工业发展的重要窗口。

1984年,深圳在改革开放的浪潮中奋斗了五年,深圳电子工业高速发展,取得惊人的成绩。是年年初,邓小平视察深圳后题词:"深圳的发展和经验证明,我们建立经济特区的政策是正确的。"1985年,经过一年多的筹备,深圳市经济特区工业产品陈列馆在华强北赛格电子市场正式开馆,这是当时深圳唯一的工业政策宣传的窗口,是工业项目洽谈和工业产品展览的重要场所。1987年场馆更名为深圳市工业展览馆，搬迁至华强北经济大厦。2011年，坐落在市民中心的深圳市工业展览馆正式对外开放。

深圳市工业展览馆位于市民中心黄塔建筑2~10层，分设数字化、城市规划、战略新兴产业以及深圳工业综合投资环境、电子信息主题、先进装备制造主题、节能环保主题、优势传统产业主题、深圳工业创业主题等八个主题展区，向观展者娓娓讲述深圳四十年工业发展的成果。

在展馆的入口处，一幅由32000颗螺母排列而成的小平同志画像格外引人注目。螺母是工业的基础符号，画像在展示伟人光辉形象的同时也与展馆的主题相互呼应。二楼的数字化展厅是新产品、新技术、新项目推介区，如无人机、翻译耳机、蓝牙耳机、车载充电器、空气净化器、超声波美容仪、智能手表等等，各类工业设计精品令人耳目一新；还有腾讯旗下拥有180多万注册设计师的腾讯原创馆，实现了工业设计相关精品的线下展示。这些充分展示了当今深圳工业产品设计高、精、尖的巨大优势，展现了深圳工业设计"未来已来"的大气魄。

工业展览馆内的"工业设计精品展"

FIYTA

城市发展，规划先行。三楼的城市规划展厅中，一幅展现深圳经济特区从1986年到2020年的总体规划图脉络分明，大胆创新。参观者可以从该层了解到深圳如何渐渐形成"三轴两带多中心"的组团式空间结构，如何紧跟着时代的脉搏求变创新，成为一座人口过千万、本地生产总值超过2.6万亿元的现代化大都市。在三楼展厅的"写出你对深圳未来的规划"的留言墙上贴满了五颜六色的纸条。写下这些留言的人大多是在深圳奋斗过的人，不管他们是离开还是留下，这座城市都曾给予他们拼搏的动力，也正是这些来自五湖四海的人，一起将深圳的工业发展推向一个更高的平台。

四楼面朝福田CBD的花园平台是商务休闲区，从平台可进入黄塔的四至九层。这是一个开放式的空间，从四楼可直接望到九楼，楼梯环绕着大厅中央的圆柱盘旋而上可到达每一层。这里是深圳市产业经济成就（工业成果）和行业新产品展区，从战略新兴产业、电子信息技术到医药医疗，从低碳环保、节能照明到传统制造业应用到航天领域等等，无不展示着深圳乃至中国的先进、尖端科技。

如今深圳市工业展览馆不仅是深圳工业历史和工业文明的展示场所，更是深圳市工业经济形象展示和工业成果推广的重要窗口，在促进深圳经济发展上做出了重大贡献，也成为深圳市的爱国主义教育基地之一。

上　工业展览馆展出的"神舟五号"航天表，为中国第一块航天表
下　工业展览馆展出的水下无人机

夜幕下的深圳市少年宫

## 深圳市少年宫

"少年智则国智,少年富则国富,少年强则国强。"少年是一个国家的希望和未来。中国历来重视青少年的基础教育,除学校里的义务教育之外,少年宫是他们接受思想道德教育、素质教育,汲取知识和开展社会实践的殿堂。

深圳市少年宫位于福田区中轴线上,于2004年6月1日正式落成,南边是当代艺术与城市规划馆,北边是风景秀美的莲花山公园。少年宫的造型极具特色,主体建筑是个斜面,包裹着一个透明圆柱和一个银色半球,面向西边的广场。整个建筑沿对角线一分为二,分别命名为"少年山"和"科学山",寓意着青少年在这里勇攀高峰、采掘知识宝藏,体现了深圳市在开发青少年潜能上所关注的三个方面——思想品格、科学意识与艺术修养。

少年宫里面设有国内首批免费开放的科技展厅，包括地面的"能源天地""科普王国""美丽家园""生命探索"，地下的"走向太空""海底奇观""信息世界"七大主题科技展厅。能源天地展厅以能源科学为主题，设"太阳是能源之母""火的利用""农耕时代""煤炭与蒸汽机时代""电气化时代""石油的利用""核能发电""新能源和可再生能源""未来能源幻想篇"九个展区。观众乘坐游览车参观，每到一个展区，特效场景会自动启停、演示与讲解，通过多媒体和实体模型相结合，辅助声光电等特效技术手段的展示方式，向观众介绍人类开发利用能源的进程。科普王国展厅以经典的基础学科项目为主，通过快乐互动的展示手段，直观演示力学、光学、声学、电磁学、数学等学科的典型现象，揭示其基本规律和基本原理；培养参观者的动手

"科普王国"展厅内的太阳与四季的知识科普

发射指挥中心

能力，在体验中探索科学的奥秘。展品包括国内外著名科学家塑像群、模拟地球真实姿态倾斜旋转的大型磁悬浮地球仪、会爬坡的圆锥、声音的舞蹈、数学小游戏、平衡球等80余件，项目注重参与性和趣味性。此外，美丽家园展厅是以环保知识为主题，生命探索展厅以生命科学为主题，走向太空展厅介绍航天技术与太空历史资料，海底奇观展厅以人类征服海洋的历程为主线，信息世界展厅则以信息与智能为主题。每一个科技展厅都能让广大少年儿童学习、了解到一些课堂上没有的科学知识，激发他们探索科学的浓厚兴趣。

少年宫拥有先进的亚洲首套Digistar 3球幕影院、4D影院、8200多平方米的7个科技展厅、780多平方米的临时展厅、735座的少年宫剧场、200座的多功能音乐厅，还有5000多平方米的红领巾广场，以及美术类、器乐类、科技类、语言表演类、影视表演类、舞蹈类、综合类等7大类素质教育培训基地。潜心于青少年品格塑造、科普启蒙与艺术熏陶，并精心打造管乐团、弦乐团、合唱团等多个少儿公益艺术团队。

16年来，少年宫始终以少年儿童健康成长为核心，以少年儿童需求为导向，以科普教育为特色，以主题教育活动为主线，以一流团队建设为亮点，以素质培训为基础，坚持"公益至上，服务为先，安全第一，创新发展"的工作理念，为少年儿童成长成才提供各项服务。

深圳是座移民城市，改革开放后，第一代移民来到这里，努力建设了这座城市。第二代深圳人则诞生在这里，与这座城市一起成长，成为这座城市未来的希望，深圳市少年宫承载着第二代深圳人的成长记忆。目前深圳市少年宫正在积极推动场馆更新改造，在粤港澳大湾区和中国特色社会主义先行示范区建设这个崭新的历史时代，深圳市少年宫被赋予的崭新历史使命，将陪伴与见证新一代少年儿童的成长。

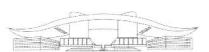

上 "走向太空"展厅
下 "能源天地"展厅的"煤炭与蒸汽时代"展区

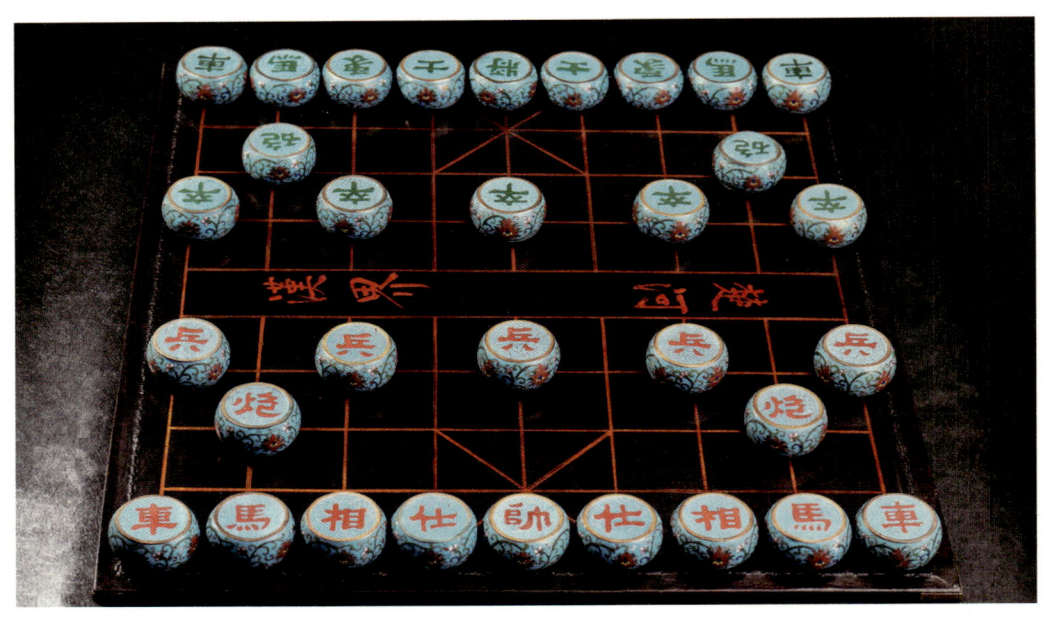

 民国时期的景泰蓝象棋

## 象棋博物馆

象棋，位列中国传统四艺，是中华民族的文化瑰宝。它可以开发智力，启迪思维，还可以修身养性，陶冶情操，深受古今中外广大群众的喜爱。如今，中国象棋不仅在国内有不同规模和形式的赛事活动，更是走出国门，走向国际。

象棋历史悠久，几千年来长盛不衰，不少名家、爱好者钟于收藏器具、棋谱，但鲜有系统的象棋文化知识与鉴赏展示场所。而在深圳福田区的一栋写字楼中就藏着一座象棋博物馆。深圳市棋国象棋博物馆位于福田的阳光高尔夫大厦12楼，于2015年11月落成开馆，是中国首家象棋藏馆。博物馆馆主对中国象棋有浓厚的兴趣，他曾走遍了全国各地，"抢救"和购买了一大批珍稀、名贵的象棋及棋具。馆中收藏的一万多件与象棋相关的物品，对中国象棋史研究极具价值。

清代象牙象棋

清代象骨象棋

民国鼓型铝象棋套装

象棋博物馆的门口摆着《心武残编》的棋局，墙上的红漆木刻着"中国象棋藏馆"几个金色大字。馆内展出的藏品为宋代以来的象棋、棋具、棋谱等，如宋代的砖碌象棋、元代的天漆陶土象棋、清代的白瓷描金鼓型象棋、清代的八卦空心铁象棋、清代的蒙古象棋、民国的雕刻象棋等等。据馆内的工作人员介绍，由于场馆面积有限，只展出了大概十分之一的藏品。藏馆最内侧的展厅墙上，用图文并茂的形式展示了中国象棋与棋具的发展脉络。从春秋战国时期的孕育期，到南北朝时期的雏形期，再到宋元时期的定型期，后又经历了明清时期的鼎盛期，发展至今，中国象棋已经走向创新时期。象棋不仅被列为国家智力竞技项目，更衍生出象形、立体、创意等文化棋具，象棋收藏也成为一种艺术。

象棋博物馆自开馆以来，一直以"一十百千万"为目标，即创建1座棋牌文化产业园、10家中国象棋博物馆、100所棋文化主题会所（酒店）、1000家棋牌体验店、10000个街区棋牌活动室，构建中国棋牌文化产业生态体系。

象棋博物馆内部展厅

# 水围雅石艺术博物馆

水围雅石艺术博物馆位于福田水围村,是全国唯一的社区雅石艺术博物馆。馆内珍藏有藏石600多方,这些奇石均来自神州山河,件件流光溢彩,造型奇妙,栩栩如生,无不显示了大自然的鬼斧神工。

水围雅石艺术博物馆,最早于2005年10月由水围实业股份有限公司创办,当时就设在公司的一楼。这一举动开创了深圳赏石文化的先河,引来市民争相鉴赏奇石。2010年,水围村斥资1200万元,加上福田区政府扶持资金500多万元,在水围文化活动中心——恒春园内兴建一座占地面积1500平方米的雅石艺术博物馆,历时3年,于2013年1月9日对外开放。园内还设有阅览室、棋牌室、音乐茶艺室、书画室、健身室等,可供社区居民休闲娱乐,陶冶情趣。

 水围雅石艺术博物馆,是目前全国唯一的社区雅石艺术博物馆

"笑口常开" 卷纹石

"春宵鸣琴" 彩玉石

"神龙回首" 水冲石

雅石艺术博物馆内部展厅

"水围雅石艺术博物馆"，这几个熠熠生辉、格调高雅的招牌大字是由著名的书法家沈鹏先生题写。在博物馆前厅，一块产自广西大化县岩滩红水河，名为"水围胜景"的彩玉石，高耸奇绝地摆在大厅中央，颇有玉透温润之感，这块玉石号称当代五大名石之一。另外一座"福星高照"的巨大黄蜡石，产自云南省，基态憨直可爱，神似福星。

"笑口常开"的卷纹石，让人一进入展厅就有一种无比欢乐的感觉；"满载而归"是一块如帆的彩陶石，巧妙地摆在一艘木船的模型之上，有"金银满载凯旋归"的感觉。

"瑶台玉露"产自广西大化县，是一座彩玉石，层次分明，瑶台展现；"畅游碧波"是一座梨皮石，绿石中间竟有两个天然的仙人洞，的确神奇；一座小小的乌江石，光滑水灵，神似一只灵动的河豚；旁边"春宵鸣琴"的彩玉石，就像是一只青蛙匍匐在田间；还有"神龟仙寿"的卷纹石，栩栩如生。

"嵯峨胜景"最让人难以忘怀的是这块碧玉卵石上的朵朵红霞，它们恰到好处地点缀在这块绿石之上。当然，"琼峰列秀"是整个水围雅石博物馆最为惊艳的一座雅石，这是一座娇艳的钟乳石，产自广西，重量有1500斤，放在一个精致结实的玻璃小屋内。这座钟乳石晶莹剔透，山峰奇妙陡峭，有鬼斧神工之妙！

雅石博物馆内还有一处小小的汉代文物展厅，里面有西汉的玉蝉、青铜鼎、青铜吊锅、仕女像、歌女像等数十种珍贵的汉代文物。博物馆还展出了范曾的"露冷莲房真觉境，芳流宇内即天堂"的书法真迹，黎雄才的巨幅画作《万壑松风润春山》。同时，馆内还珍藏有唐寅、张大千等多位名家大师的字画书法，以及赖德全、张松茂等当代陶艺大师的陶瓷珍品。

**左** 钢琴博物馆门口刻写了馆名的摆饰
**右上** 英国查伦平台钢琴,产于 1939 年
**右中** 德国贝希斯坦钢琴,产于 1889 年
**右下** 英国莫利钢琴,产于 1860 年

# 钢琴博物馆

**除**了施坦威，别无选择！施坦威，当今最负盛名的钢琴品牌。全世界95%以上的世界著名钢琴家，无论是演奏还是练琴，均将施坦威作为首选。施坦威凭借无可比拟的128项专利，在上百年的世界音乐会舞台上独占鳌头。

想亲眼见识一下施坦威钢琴的无限魅力吗？请到深圳钢琴博物馆来。

深圳钢琴博物馆位于深圳市福田区上步南路国企大厦3楼，在深圳乐器城内。展馆总面积达1200平方米，采用了巴洛克式设计风格，在极富感染力的灯光晕染下，于古典端庄中，蕴含高贵典雅的音乐气氛。2008年，深圳钢琴博物馆由庞源集团正式创办，是继福建厦门之后国内第二大钢琴博物馆，其内共有46台馆藏古钢琴，纵贯了钢琴文化历史的整个主线，梳理出了清晰的钢琴发展历程及历史含义。

深圳钢琴博物馆共展示了18世纪末至20世纪初的来自美国、德国、俄罗斯、法国、意大利、中国等地的古钢琴，回溯了百年钢琴的制造工艺和发展历史。这些古老的钢琴不仅传承了百年的音乐经典，推动了钢琴艺术文化的发展，同时也向世界展现了深圳这座城市与钢琴的艺术结合。

深圳钢琴博物馆的"镇馆之宝"就是一台施坦威古钢琴。这台1855年出产的施坦威，为皇室御用钢琴。整架钢琴采用一级红木制成，全手工雕刻，有鱼鳞式琴盖、天使、烛台等，华丽的图案、富丽堂皇的外观，每一个细节均体现着一件伟大艺术品的独一无二，让人叹为观止。展馆另外还有两台施坦威钢琴，一台是1894年德国出产的83键的台式古钢琴，为桃花心木琴体，螺旋形雕刻琴腿；另外一台是1912年美国出产的台式钢琴，其琴身用贵重的椴木和巴西紫木拼接而成。

除了施坦威钢琴外，深圳钢琴博物馆还珍藏有布罗德伍德、普利耶、贝森多佛、贝赫施坦等著名品牌的古老钢琴。其中历史最久的一架钢琴是布罗德伍德品牌，产于1798年，距今已有200多年，桃花心木琴体，观赏性和实用性兼具，不演奏时，可当做写字台、书柜等。

# 下沙博物馆

下沙村是福田著名的城中村,这里楼宇鳞次栉比,商铺星罗棋布,住着近10万外来人口。然而在城市化之前,这里只是一个普通的村落,由东涌、大围、村仔、围仔、新村、东头村等6个自然村组成。村民以黄氏为主,世代以耕田、捕鱼、养蚝为生。随着社会经济的发展,下沙村发展迅猛,那些关于下沙的历史文化、旧时村貌等都被搬进了博物馆。

下沙博物馆建成于2005年,位于下沙广场旁边,里面记载了下沙村近800年的历史,以及下沙独特的风俗民情。展厅的第一部分"骏马堂堂出异方",展示了下沙村的历史渊源。"骏马堂堂出异方"出自黄峭山的《遣子诗》,诗曰:"骏马堂堂出异方,任从随处立纲常。年深外境犹吾境,日久他乡则故乡。朝夕莫忘亲命语,晨昏须念祖宗香。惟愿苍天垂庇佑,三七男儿总炽昌。"黄峭山为唐末福建邵武人,官至工部侍郎,因政局动荡而致仕归隐。相传下沙开基祖黄默堂为黄峭山后裔,南宋时期,黄默堂辗转迁徙,来到下沙开基立村,为下沙黄氏的一世祖。800多年来,黄氏立足下沙,艰苦奋斗,繁衍生息,不断壮大。如今下沙博物馆的展厅就展有骏马雕塑和峭山公画像。此外,展厅中还展示了辛亥革命名将

下沙博物馆内展示的改革开放前的下沙村模型

黄耀庭等下沙历史人物的雕塑、史书以及部分文物。展厅一角有历史放映厅，可容纳近百人，厅内放映介绍下沙历史和现状的专题片。

展厅的第二部分为"耕山耘海八百年"，展出下沙人过去使用的农具、捕鱼工具、生活用品，还有下沙旧民居瓦房的微缩模型和下沙人民养蚝情景的雕塑等。

展厅的第三部分为"天下共享大盆菜"。吃"大盆菜"是岭南沿海地区传统习俗，在下沙两年一次的祭祖习俗（春祭、秋祭）中，吃"大盆菜"是必不可少的环节。大盆菜由蚝、鸡、鸭、猪肉、鳝鱼、鱿鱼、油豆腐、支竹、牙菇、鳝干、肉皮、云耳、冬菇、芹菜、萝卜等15种菜分别经过精心烹制，然后一层层放入盆中做成。2002年的元宵节，下沙村宴请四方，5万人3800桌同吃大盆菜，场面壮观。下沙的祭祖习俗与下沙大盆菜合并申报成为国家级非物质文化遗产代表性项目。

走过了"耕山耘海"的艰苦奋斗的岁月，在改革开放的浪潮中，下沙村由农村向城市转变，取得的一个又一个辉煌成就，正是第四部分"繁荣强盛看今朝，富而思进向未来"中展示的内容。

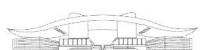

上　在过去近八百年间，下沙人以捕鱼、养蚝为生
下　旧时下沙人使用的渔农具

SHEN ZHEN
FUTIAN

海顿说:
"艺术的真正意义
在于**使人幸福**,
使人得到**鼓舞和力量。**"

**在福田**
这个繁华的城区,

如果你累了,
可以尝试着**屏蔽繁杂**、
**放松身心**,
到音乐厅听
一场**高雅的音乐会**,

也可以
走进美术馆看一场画展,
冲散内心的疲惫,
享受一次
心灵的**艺术之旅**。

# SECTION II

## "打卡"艺术文化地标

深圳音乐厅 *134*
关山月美术馆 *137*
福田主题文化馆 *140*
市民广场的街头艺术 *146*

# 深圳音乐厅

海顿说:"艺术的真正意义在于使人幸福,使人得到鼓舞和力量。"作为艺术的一分子,音乐是所有艺术种类中较为抽象的一门,是人类生活和心情的调节剂。它通过声音展示魅力,通过听觉来传达喜怒哀乐,让我们在奇妙的律动和音符中抵达心灵的彼岸,找到精神的家园。

深圳音乐厅由日本著名建筑大师矶崎新先生设计，是深圳文化设施中的标志性建筑。它位于福田中心区，毗邻深圳图书馆，与中心书城相对。3个棱形的尖顶错落有致，直指苍穹，整座建筑从里至外由玻璃幕墙装饰而成，极具现代化和艺术气息。

位于2楼的金树大厅，是一个开放的空间，可供观众幕间休息，也可用来承办小型音乐会、会展、产品发布会等活动。大厅顶部由玻璃构成多面体，5根金色的巨大树状结构体支撑着屋顶。当灿烂的阳光洒落在金树的枝干上，或是夜晚灯光亮起时，整个大厅金碧辉煌。演奏大厅是目前国内规模较大的纯自然声演奏大厅，呈峡谷梯田式，总面积2323平方米，有1680个座位。岛式舞台位于演奏大厅中部，可供四管编制的交响乐团和200多人混声合唱团同台演出。演奏大厅里的巨型管风琴是深圳目前唯一的管风琴。小剧场为高空悬挂式演出厅，总面积629平方米，舞台设计为伸出式多变型，观众席分为3层，席位可由400座调至580座。此外，还有音乐沙龙、音乐广场、录音棚、培训琴房、贵宾厅、化妆间、观众休息厅等配套设施，丰富了音乐厅的艺术魅力和实用功能。

自2007年10月开业以来，深圳音乐厅精心策划了多个系列的音乐演出活动，祖宾·梅塔、郎朗、谭盾、吉顿·克莱默、祖克曼、以色列爱乐乐团、新加坡华乐团、深圳交响乐团等国内外

深圳音乐厅2楼户外广场上的《天籁之音》雕塑

著名的音乐大师和乐团奏响的优美旋律，让观众领略到了世界一流艺术家和演出团体的风采。

每个星期日下午的"美丽星期天"免费公益演出，以及"美丽星期天"的姊妹篇、每周六下午的小型公益音乐艺术演出——"音乐下午茶"，吸引了越来越多的市民走进音乐厅。如今，深圳音乐厅打造的"春聆音乐厅演出季""缤纷夏日演出季"以及"秋聆音乐厅演出季"三个演出季已经深入人心，交响乐、打击乐、爵士乐、民乐、声乐等形式多样、精彩纷呈的演出，深受广大市民喜爱。

夜晚的深圳音乐厅

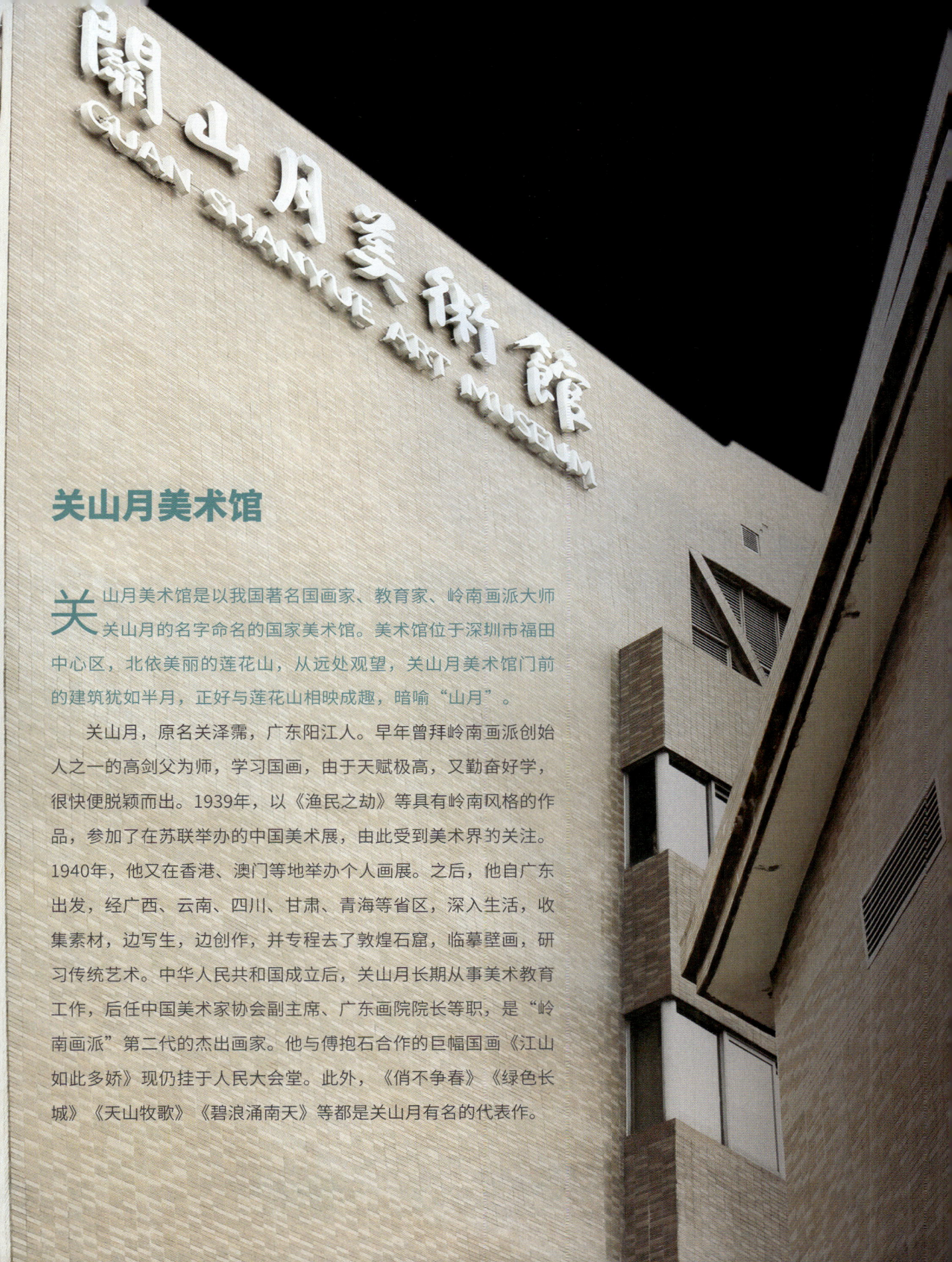

## 关山月美术馆

关山月美术馆是以我国著名国画家、教育家、岭南画派大师关山月的名字命名的国家美术馆。美术馆位于深圳市福田中心区,北依美丽的莲花山,从远处观望,关山月美术馆门前的建筑犹如半月,正好与莲花山相映成趣,暗喻"山月"。

关山月,原名关泽霈,广东阳江人。早年曾拜岭南画派创始人之一的高剑父为师,学习国画,由于天赋极高,又勤奋好学,很快便脱颖而出。1939年,以《渔民之劫》等具有岭南风格的作品,参加了在苏联举办的中国美术展,由此受到美术界的关注。1940年,他又在香港、澳门等地举办个人画展。之后,他自广东出发,经广西、云南、四川、甘肃、青海等省区,深入生活,收集素材,边写生,边创作,并专程去了敦煌石窟,临摹壁画,研习传统艺术。中华人民共和国成立后,关山月长期从事美术教育工作,后任中国美术家协会副主席、广东画院院长等职,是"岭南画派"第二代的杰出画家。他与傅抱石合作的巨幅国画《江山如此多娇》现仍挂于人民大会堂。此外,《俏不争春》《绿色长城》《天山牧歌》《碧浪涌南天》等都是关山月有名的代表作。

20世纪90年代，关山月将自己各个时期的代表作品共813件，及其生活、艺术和教育实践的系统资料全部捐赠给深圳。关山月美术馆也因此在1997年6月25日香港回归前夕落成开馆。关山月美术馆共有3层，设有1个圆形中央展厅、5个室内标准展厅、2个关山月艺术常设陈列厅。

设于2楼的关山月艺术常设陈列厅通过对馆藏关山月作品系统的整理和分类研究，每年都推出"关山月先生系列学术专题展"。如2019年7月至9月，以馆藏关山月《江峡图卷》及其晚年表现长江三峡的画作为基础，携手重庆的中国三峡博物馆，推出"轻舟已过万重山——关山月与近代以来的江峡图景"展。该展入选文化和旅游部组织实施的"2019年全国美术馆馆藏精品展出季"。

其它的标准展厅经常会开设各类展览，比较常见的有国画展、摄影展、设计展、广告创意展等，如2019年开展的"水墨新境·当代名家条屏、小品、长卷作品展""第14届吾城吾乡摄影年展""张光宇现代设计研究展"等。这里不仅是关山月艺术研究的权威机构，更是把20世纪中国美术研究和现代设计作为学术重点。如今，这里是美术爱好者必去的地方，也是国内最完整的关山月作品收藏机构。

上　关山月美术馆内的"隔山书舍"
下　关山月美术馆2楼的关山月艺术常设陈列厅

139

## 福田主题文化馆

当物质生活不断充实,人们对于精神层面的需求就会越来越丰富,对艺术文化的需求也会越来越大。艺术文化,听起来似乎非常抽象,但它却时时刻刻影响着我们的生活,音乐、美术、戏剧、舞蹈、潮流文化……总有一样牵动着你的心。

在福田,如果你想近距离接触艺术文化,或是想要一个交流的平台,一个接纳你的"圈子",不用走远,在家门口的社区就能满足你的需求。自2013年以来,福田区积极打造"一公里文化圈",全面提升区属文化场馆的水平,在满足居民群众基本文化需求的基础上,创建音乐、书画、戏剧、舞蹈、非遗、梦工场等特色主题文化馆,组织品牌赛事、举办文艺沙龙、建设主题图书馆、开办艺术展览等,将艺术文化的养分精心输送,极大程度地丰富了群众的文化生活。

戏曲爱好者在音乐主题馆内排练京剧

## 音乐主题馆

音乐主题馆设有音乐主题图书馆、多功能排练室、音乐制作室、文化义工驿站、舞蹈排练厅、声乐排练室、道具室以及一个能容纳200人的小型剧场，推出"音乐纵贯线""声音书房"等系列活动，便民、公益、智能化管理是其最大的特色。在对市民免费开放的基础上，音乐馆又实施了"公益培训工程"，包括声乐、吉他、视唱练耳、语言表演等公益班。

自成立以来，音乐主题馆已经举办了多场活动，涵盖演出、培训、讲座等，时常出现一票难求的情况。其中，主打的品牌活动有"周末音乐汇""福田合唱节""音乐大师课"等各类覆盖不同年龄段、不同职业、不同受众群体的特色品牌活动。目前，"福田合唱节"已吸引了31支合唱团，近2000人参加；"周末音乐汇"的独唱、小组唱、配乐诗朗诵、器乐合奏等欣赏活动也深受市民的喜爱。此外，先后举办了"外来青工才艺大赛""外来务工人员文化节""圆梦工程"等活动，为各行各业的音乐爱好者提供才艺展示的舞台，帮助他们打通实现梦想的渠道。

音乐主题馆内能容纳200人的小型剧场

## 书画主题馆

书画主题馆"引进优秀的美术展，目的是培养出本土的艺术家"，书画主题馆馆长张闯一语道出书画馆建设的意义之一。2004年，福田区五件美术作品入选"第十届全国美术作品展览"，这个史无前例的"创举"意味着福田区的美术水平翻开了新的篇章。书画主题馆在专注于创作的同时，也承担起文化传播和培养美术创作队伍的重任，希望将艺术审美传达给更多的市民和创作爱好者。

馆中有一个面积约300平方米的展厅，用以举办中小型专业书画、艺术品展。名家精品系列书画展、少儿美术系列展览和书画百姓系列展览是书画馆的品牌活动。以福田文化馆·书画主题馆为枢纽，创办《福田画苑》，开辟"百姓画廊"专题，每月与一个街道、一位名家合作，展出社区书画、摄影作品，吸引全国各地的书画展览进场展示。主题图书馆提供多种书画类艺术图书资料，群众可在此休憩、学习、交流；画室提供给

书画主题馆馆长张闯正在作画

书画主题馆会举办艺术沙龙,为美术爱好者开设课程和讲座

书画艺术家和爱好者一个创作、交流的场所，也用于书画公益培训等活动。除了硬件上的设施，书画馆也提供了许多交流创作的机会，如"视觉·万象"艺术沙龙，邀请名家义务为美术爱好者开设多种美术课程和讲座，国家一级美术师黎楚池就曾在此展示油画写生范画，讲述油画写生的技巧。在交流与学习中，艺术创作迸发出迷人的火花。近年来，福田区先后有众多优秀作品不断进入省和国家的艺术殿堂，书画主题馆就像一片沃土，培育出更多优秀的创作者和更多高水平的作品。

## 梦工场

梦工场以年轻人为主题，是专门为青少年提供的展示梦想的舞台。成立以来，梦工场通过举办一系列活动不断探索培育城市文化新元素。由其举办的"中国（深圳）国际嘻哈文化节"邀请国内外一线嘻哈艺人，呈现一场高水准的嘻哈艺术盛宴；2010年，其公益性文化品牌活动"深圳国际打击乐文化节"首次作为中国（深圳）国际文化产业博览交易会的专项品牌活动亮相；两个月一次的艺术沙龙"潮流精英汇"活动，邀请了

梦工场，以潮流文化为主，为年轻人提供展示的舞台

深圳本土艺术家和爱好者共同分享潮流文化，涵盖现代流行街舞、DJ音乐、涂鸦等艺术类别。还有以当下时尚文化为主的"周末创意坊"、为阅读爱好者提供交流共享平台的"阅读星期天"、每年的莲花山青年文化艺术节和场馆艺术节大型晚会等，屡屡获得市民的热烈捧场。

此外还有舞蹈、戏剧、非遗等主题文化馆，每个主题馆都会举办符合各自主题的艺术沙龙，专门开设主题图书馆，收藏该特定主题的图书，便于市民查阅。文化服务能力和管理水平不断提升，主题文化馆便民、公益的初衷未改，依旧致力于为辖区市民搭建一个学习、创作、交流和展示才艺的平台，推动市民文化事业的普及和提高。

2019年，非遗主题馆举办的艺术沙龙的现场

## 市民广场的街头艺术

市民广场,每天都上演着各式民间艺术。音乐、美术、陶艺、雕塑等等,不一而足。街头艺术最早的主要艺术形式为杂耍,这是中国自古流传下来的老行当,随着几声清脆的锣响,卖艺人口中吆喝着"有钱的捧个钱场,没钱的捧个人场",周围的闲散居民便循声聚拢过来。

城市在发展，新思潮涌入，新的街头艺术形式开始涌现。2004年，深圳市民中心建成，宽阔的市民广场让来自五湖四海的街头艺人如鱼得水，一时间，集合现代与传统的手艺与表演在此汇聚，成为深圳一道独特的风景。

艺术是人们精神生活不可或缺的一部分。艺术不分国界，也不分贵贱，上可登殿堂，下可流传于众生，丰富百姓生活。在市民广场表演的人分为两种：一种是以此谋生者，技艺精湛，有着深厚的功底，在深圳官方组织的一些文化活动中常可见其身影；另一种则是怀抱梦想的上班族，他们以弹唱绘画为主，凭自己的天赋及爱好，寻找一块展示自我的天地。

经过十几年的发展，在市民广场寻求一席之地的街头艺人越来越多。深圳成为继上海之后又一个尝试对街头艺人进行规范管理的大城市。通过吸收国内外的街头艺术文化，福田区组建了"街头演艺联盟"，成为规范深圳街头艺术的有益探索。

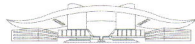 民间画手在市民广场为游客画像

SHEN ZHEN
FUTIAN

1986年，
深圳图书馆开业之日，
借书和阅读的火爆场面
让人震惊，

从此**深圳"读书热"**
成为**一大奇观**。

2003年，
深圳提出了建设
**"图书馆之城"** 计划，

两年多的时间，
深圳便拥有了
**600多座公共图书馆**，

也因此获得
**"图书馆之城"** 的称号。

# SECTION III

## 阅读，重识一座城

从福田走向图书馆之城 150
深圳中心书城 154
24小时书吧：深圳人的灵魂灯塔 162
物质生活书吧：找寻别样的精神生活 166
尚书吧：古旧书籍的海洋 170
楚平天空书吧：闹市中的"自留地" 174
本来书店：深港共通的阅读平台 180

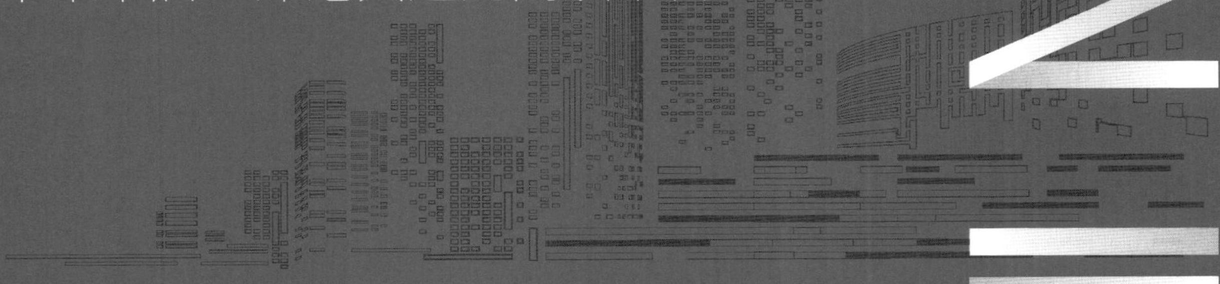

深圳图书馆为国家一级图书馆,面向公众免费开放

## 从福田走向图书馆之城

在经济知识时代,对一座城市来说,图书馆在"文化软实力"中有着重要的作用。改革开放初期,深圳处于经济建设的热潮中,同时这座城市在文化建设方面也从不懈怠。在经济快速发展的年代,当物质需求日益被满足时,这座城市里的人更需要书籍来满足精神层面的需求。深圳的图书馆从无到有,从小到大,从少到多,从深圳走向世界,发展井然有序。

## 旧图书馆

1982年，深圳提出了建设"八大重点文化设施"的计划。这个计划为深圳的发展增添了文化底蕴。1986年12月20日，深圳图书馆在福田区的红荔路边落成，开业之日，市民蜂拥而来，借书和阅读的火爆场面让人震惊。"我扑在书籍上，就像饥饿的人扑在面包上。"再也没有比高尔基的这句格言更写实地来形容深圳人当年读书的场景。这种情况让人清醒地意识到，在这座城市里，人们对知识的渴望是如此迫切。

自开馆以来，深圳图书馆采取完全开放的模式，即入馆不要证、进阅览室不要证、到书架取书不要任何手续。这"三不要"在当时的中国图书馆管理模式中前所未有。这种全新的公共服务理念，让市民享受到了读者自由阅读的空间，日均进馆5000多人次，深圳图书馆因此被称为是"世界上最繁忙的图书馆之一"。

## 新图书馆

随着深圳人对文化需求的不断增加，老的图书馆已经难以满足市民的阅读需求。2006年，深圳新图书馆建成了，这是深圳在文化建设过程中的又一块里程碑。

新图书馆位于福田区福中一路，市民广场旁边，占地29612平方米，总建筑面积49589平方米，纸质藏书近540万册，读者座席2500个，网络节点3000个，日均接待读者13000人次。新馆由日本建筑师矶崎新设计，造型独特，极富现代感，凸显全开放、大空间、无间隔的建筑布局，是深圳的地标之一。

深圳图书馆面向所有公众免费开放，一年365天为读者提供高效、便捷、多元化的文化服务，以最大限度地满足读者需求。

随着图书馆建设的逐渐完善，如今深圳市民借书，已经像上超市购物那样方便，而新图书馆，已经成为深圳精神的符号。

## 图书馆之城

在图书馆"读书热"的启发下,深圳在2003年提出了建设"图书馆之城"的计划,深圳也因此成为国内第一个以此为文化愿景的城市。这个计划的出台,体现了深圳在图书馆管理理念上的先进性。

"图书馆之城"是一个形象的说法,即把深圳建成一个没有边界的大图书馆网络,以全市已有、在建和将建的图书馆网点以及数字网络为基础,联合各图书情报系统,建立覆盖全城、服务全民的文献信息资源共享网络,实现图书馆网点星罗棋布、互通互联、资源共享,为市民提供功能完善、方便快捷的图书馆服务。

深圳图书馆造型独特,极富现代感

"图书馆之城"的建设过程，简单来说可以概括成六个字：言必行，行必速。2003年以来，深圳投入资金10多亿元，用于建设"图书馆之城"，目的是建立覆盖全市的图书馆服务网络，实现市民出门1.5公里范围内就有一座图书馆。至2005年，仅仅两年多的时间，深圳便拥有了600多座公共图书馆，从而在中国率先实现了"每1.5万人拥有一个社区图书馆"的目标。深圳也因此获得了"图书馆之城"的称号，向全世界展示出了这座城市的文化盛况。

深圳图书馆内部

深圳书城中心城店是目前全国单层经营面积最大的书城

## 深圳中心书城

书店和图书馆，是文化传播中必不可少的载体。作为改革开放后才发展起来的大都市，深圳这座城市对文化的渴望显得如此强烈。经过40年的建设，图书馆与书城，已经成为深圳值得骄傲的两大文化标志。

深圳中心书城，即深圳书城中心城，位于福田区，北靠莲花山，南邻市民中心。深圳将书城建在这寸土寸金之地，可以让书城最大限度地辐射全城。深圳中心书城自2006年11月开业以来，一直是深圳人气最旺的公共文化场所之一。深圳中心书城推出的"深圳晚8点——新型都市晚间文化生活空间""24小时书吧——阅读生活不打烊""除夕守岁黄金屋——除夕夜逛书城""公众朗读家在行动"等公益文化品牌，为国内首创。

深圳中心书城占地8.7公顷，建筑面积8.2万平方米，为单层框架结构，经营面积4.2万平方米，是现时全国单层经营面积最大的书城。它跨书业、文化、商业、设计、创意、展览等不同经营领域，独具特色的体验式书城业态，以及书业跨界运行的商业模式，为市民提供了一个集阅读学习、展示交流、聚会休闲、创意生活于一体的复合式城市文化生活空间。如今的中心书城，已成为深圳不可或缺的文化地标，是深圳的城市文化生活中心。它以文化潜移默化地影响着深圳市民的生活方式，引领着"阅读为荣，阅读为乐"的社会风尚。

## 深圳晚8点

深圳是座快节奏的城市，大多数在这座城市里打拼的人，把白天的时间花在了工作中，只有到了晚上，才拥有属于自己的时间。2008年11月，"深圳晚8点"在中心书城推出。

"深圳晚8点"是一项面向全体市民的公益文化活动

作为深圳的文化重地，中心书城充当着城市文化孵化的摇篮。"深圳晚8点"的推出，意味着一朵文化之花从这个摇篮里徐徐绽放。这是一项由中心书城精心策划、服务于全体市民的公益文化活动，是一个开放式的文化平台，任何有创意、有想法的文化团体或个人，都可在"深圳晚8点"分享自己的经验。

从周一到周五，每天的"深圳晚8点"都有不同的主题和内容，育儿经、读书分享、创业分享、艺术人生分享等等，应有尽有。综合起来，这小小的舞台就像一部小型的百科全书，浓缩着各种各样的文化养分。前来参与讲座的，既有著名学者，也有平民百姓。这种不论身份、不分群体的互动方式，既丰富着这座城市的文化，也体现了这座城市的包容。自开创以来，"深圳晚8点"以开放、灵活的特点，很快便成为深圳最受欢迎的文化活动之一，广大市民踊跃参与，辐射人群达百万人次。如今，越来越多的深圳人选择"深圳晚8点"作为新的晚间生活方式。

深圳是"全球全民阅读典范城市"

## 深圳读书月

读书的作用，小到修身齐家，大到治理国家。自百家争鸣开始，儒家耕读济世的思想，从春秋至今，贯穿了中国2000多年的历史。

2000年11月1日，深圳首届读书月启动。这是深圳的一个创举。在此后的20年中，随着读书月的不断发展，深圳在文化领域中的地位逐渐突显出来。这座年轻的城市，自信地亮出了自己的文化旗帜，期待着通过阅读，影响城市的文化基因与走向。

读书月的举办，是这座城市文化追求的一种表达方式。换种诗意的表达是，"在城市发展关键期，注入了诗书之气"。20年来，深圳读书月举办了约4000项阅读活动，参与人数从首届的170多万人次上升到第20届的上千万人次，它被市民和专家誉为"精神文化的盛宴"和"城市文化的狂欢节"。这座创造了经济高速发展的"深圳速度"的城市，通过读书月，又创造了全民阅读的"深圳奇迹"。

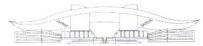 读书月已经伴随着深圳人走过了20年

读书月伴随着深圳人走过20年，构建了崭新的城市人文风景。在今天的深圳，阅读不仅是众多市民的个人乐趣、生活方式，更是一座城市对文化执着的追求。

今天的深圳，阅读已经成为众多市民的一种生活方式

福田区夜景

## 24小时书吧：深圳人的灵魂灯塔

"即使整个城市都沉入了黑夜，这盏灯也为你亮着。"24小时书吧露台旁的落地玻璃窗上印着这样一句话。开业至今，书吧的营业时长超过11万小时，被称为"深圳人永远的灵魂灯塔"。

2006年，在全民阅读的浪潮中，深圳这座年轻的城市在寸土寸金的中心书城辟出一隅开设"星光阅读栈"。当时有媒体这样称："我们不敢说，这家书店之于深圳，就像埃菲尔铁塔之于巴黎，是一座文化地标。但我们不能否认，这家书店和它的守望者，是这个不满30岁城市小小的基因。"经过5年的沉淀，2011年8月，书店升级为24小时书吧，地址也从一楼迁往二楼。

24小时书吧营业时长超过11万小时，被誉为"深圳人永远的灵魂灯塔"

如今，从深圳书城南区的西面顺着小道楼梯而上，便能看见其标志。路过涂鸦墙，透明落地窗上"24 HOURS BOOKBAR"格外显眼。

书吧内部主要分为阅读区和水吧。进门是弧形的"生活艺术圈"。坐在圆桌旁，如同浸泡在书籍的海洋中，园艺、艺术设计、生活类的书籍陈列其上。书吧内书的种类也是应有尽有。浓厚的文化气息仿佛是书吧的天然属性，让每一位读者都深深着迷。

朝西整面临街玻璃窗旁的长条桌，是阅读者独自"狂欢"的地带。隔着广场能望见深圳图书馆和深圳艺术厅，阳光明媚时可观云卷云舒，大雨瓢泼时可赏朦胧霓虹。可遐想、可发呆、可思考，街上车水马龙，人来人往尽收眼底。

书吧临街玻璃窗旁的长桌,是读者独自"狂欢"的地带

与水吧相邻的露台则给人更多自然的美感。天晴时，阳光大片大片落在撑开的落地伞上，玻璃窗反射出耀眼的光芒；雨夜，伴随着雨落的声音，疲倦的人在此小憩，偶遇的人在此漫谈；不远处，橙色的邮筒端端正正地屹立在那儿，无声地坚守着，把温情的文字传递到了世界各地。

　　从书店到书吧，这里慢慢演化出另一种职能——文化交流空间，除了安静地阅读、写作、发呆、约上三两朋友清谈漫聊，也可聆听他人的故事，彼此交流。近些年，书吧举办的"真人图书"活动，让读者不仅仅能够跟着作者的笔触走进他们的世界，还能亲耳聆听特邀嘉宾娓娓讲述他们的特殊经历和别样人生。此外，每一个走进24小时书吧的人，也都把一份成长的印记留在这里。

　　据书吧工作人员回忆，一位来自香港的设计师常常在书吧一待就是一周，或许是这里的环境更能激发他的灵感；上海的读者到此淘书，书吧的工作人员几经周折帮他找到那本停销的书，他爱不释手，连连道谢；赌气离家出走的孩子抱着书本来到这里，他们知道这儿是安全的；奋笔疾书的备考生在窗前埋头苦读，深夜的灯火陪伴他们度过了奋斗的时光；初来乍到的游子不知身往何方，拉着行李箱到此，一本书、一杯茶，天亮了再整装出发；那对牵手进来，相视而笑的情侣，这或许是他们最初相遇的地方。

　　在这座人们都行色匆匆的城市中，24小时书吧是情感的收集本，每一个在此停留的人都留下了自己或落寞、或欢愉的时光印记。它又像是城市的守夜人，陪伴许多人度过寂静的夜晚。从这个城市第一缕曙光升起，到夕阳西下，华灯初上，美好的故事无时无刻不在这里发生、落地。

## 物质生活书吧:找寻别样的精神生活

"十八年好长,长到一个婴儿可以长大成人,长到一个青年可以结婚生子,长到怀揣梦想的人已梦想成真,长到豪情万丈已成惘然四顾。十八年又好短,短到所有的事情就好像发生在昨天,书正香,酒正甜,欢笑中,你还在。"2018年8月28日,经过一百天的重新装修,物质生活书吧以焕然一新的面貌呈现在大众视野中。这场"成人礼"主题为"壹拾捌",意味着成长、责任。现场,书吧创始人的一番话让所有人重拾一路走来的温情和梦想。

2000年,晓昱选择在园岭的一个三角街区创办这家书吧,店名取自法国作家玛格丽特·杜拉斯的随笔集《物质生活》,借以反讽的方式,希望留住甚至推动更多的人一起寻找别样的精神生活。

走进书吧,便被淡淡的咖啡香萦绕。走一圈,书籍种类整体偏向于人文、社科、艺术设计类。"书是整个书吧的灵魂",晓昱表示,这里的每一本书都是经过精心挑选的。

物质生活书吧,位于园岭一个三角街区

  书吧的蓝色空间给人一种温和的视觉享受。透过那面凹凸的临街玻璃窗,可以看见外界的景象:身着蓝色校服的孩子在母亲俯身叮嘱后径直地奔往校园;上班的人脚步匆匆,手中的早餐还冒着热腾腾的白气;从市场归来的大娘推着满载的小车,脸上徜徉着的笑容温暖了整个早晨。这浓浓的生活和文化气息正是当年晓昱选址于此的原因。"生活的地方就是走几步有一个面包店,一个花店,一个书店,有熟悉的街坊邻里,就够了。"

  20年来,这里发生的故事太多太多。黄昏,孩子挤在书吧等待尚未下班的爸爸妈妈;周末,家长在此等待补课的孩子。曾窝在小角落边埋头读书的小男孩已长大成人,迈向人生的新阶段;一位住在附近十几年的居民只认物质生活书吧,从不在别处买书;前台的收银员和书吧经理在这里相识相恋相爱,结婚生子;一个男生因偶遇一本《西藏生死书》,思想在那一刻被照亮;无数个电影、文学爱好者站着,听完一场场名家分

享会；一位母亲告诉孩子，遇见危险，这里是一个安全的角落……在书吧的"成人"展上，街坊邻里送来了许多小物件，每一件都在娓娓讲述那些相互陪伴的故事。

在《一家18年小店店主的自白书》中，晓昱提及了许多"老朋友的留言"。作家梁文道说："物质生活书吧是香港文化界朋友在深圳的一个驿站。"经济学家薛兆丰感慨："物质生活书吧是老朋友，离开多久都不要紧，只要回来，就可以舒舒服服地和它待着，待多久都行。"那年，还被称为"小弟"的歌手陈楚生在书吧的一角轻轻弹唱，忧郁的歌声轻敲游子的心灵；一次偶然的邂逅，许鞍华导演自己打车来回，在此分享文化和人生；资深媒体人、专栏作家胡洪侠的名言——"我不在物质生活，就在去物质生活的路上"成了书吧最好的广告。每一位名家的到来，都为书吧添上了浓墨重彩的一笔。他们萍水相逢，却在这个地方有了别样的相聚。在逝去的时光中，物质生活书吧如细雨一般，滋润着他们的梦想和温情。每一个普通却不平凡的故事的衍生，让书吧更像是一个情感驿站、能量采集器、成长见证者。

如今，20年过去了，那些曾经在这里发生过的事，那些趴在窗台上的孩子，那些注目倾听每一位嘉宾倾情分享人生的听众，还是会让书吧的主人热泪盈眶，感动如初。她因为物质生活书吧，遇见了成千上万的人，人生变得丰盈、温暖、精彩；人们因为遇见物质生活书吧，平淡的日子里有了更多温馨美好的记忆。

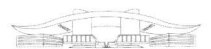

书吧里举行讲座时常常座无虚席

## 尚书吧：古旧书籍的海洋

在一个阳光潋滟的早晨，推开尚书吧的大门，沉浸在淡淡的书墨香中，那种一人独处的舒适和惬意，或许并不亚于张岱在铺天盖地的皑皑白雪中独往湖心亭看雪；抑或华灯初起，约上三两好友，品茗洽谈，在幽幽茶香中探寻生活的悲欢喜乐；又或者以书会友，在交流中碰撞出更多思想的火花。这些妙趣横生的故事被店主扫红看进眼里，一字一句记录，成了一本精致的小书《尚书吧故事》，摆在书吧进门最显眼的地方。

书吧位于深圳中心书城一楼，周边深圳博物馆、深圳市少年宫、关山月美术馆等文化领地林立，文化氛围浓厚。走进书吧的那一刻，循着轻柔的音乐徐徐向前，仿佛穿越时空隧道，来到木心笔下"从前的日色变得慢，车、马、邮件都慢，一生只够爱一个

古旧书籍是尚书吧里最美的"风景"

人"的岁月里。翻阅的读者、低语交流的恋人、奋笔疾书的学生、侃侃而谈的商务人士，每个人在这方天地中都自在如意。古老的木质家具让尚书吧多了一份古色古香的韵味，让人不自觉地坐下、品茶、阅读，静享其中的美妙。

这是深圳唯一获得中国独立书店创新奖的书店，于2006年开业。经营古旧书是尚书吧的一大特色，"淘书"成了读者与店主之间情感的乐趣所在。"做旧书店有两怕，一怕客人太懂书，这样卖不起价；二怕店主太懂书，这样买书人捡不到漏。"扫红在《坐店翻书》中这样写道。起初为了给读者"捡漏"，一些书价格被明显标低，但不少眼光独到的读者仍旧能在七千多册中淘到"金子"。据说，开业第一天，店里所有关于陈寅

恰的书就被买光了。"众里寻他千百度，蓦然回首，那人却在灯火阑珊处"的幸福感常常洋溢在怀抱心爱之书得意归去的读者脸上，那也是书吧的经营者们最开心的瞬间。"这对我们来说就是做了一件很有意义的事情。"如今，在深圳，只要是对藏书稍有兴趣的人，大都乐意前往这里。

这里也曾是红酒的天地。有酒有书，以酒养书。合伙人马刀在香港当了多年的酒店品酒师，曾常年往返于深港之间。在微醺中跟着文人墨客的笔触体会百态人生，不无欢喜。

十四年来，名家大咖如莫言、陈子善、张小娴、鲁豫、白岩松、蔡澜、陈丹青、钱文忠等都曾光临于此。查倗曾于此留言："尚茶咖啡伴佳酿，书中如玉意中寻。"阎焰写下："书香满城。"唐国强道："闻香听道。"来去之间，他们为尚书吧增添了更为浓郁的文化气息，将人文精神留在了这座城市。

随着互联网的发展，购书渠道大大拓宽，传统书店的经营模式已经远远不够。尚书吧在坚守初心的同时也积极调整，探索出"独立书店＋咖啡、茶、红酒、简餐"的运营模式，打造了"书籍阅读""饮品休闲""VIP贵宾室"多重功能组合的文化休闲空间，并推出名家讲座系列，邀请专业领域的人士同读者进行面对面的交流。读者既能够私享阅读，也能与志同道合的朋友相互探讨。此外还增添了"签名本"，也许抬头俯首间，便能找寻到自己念念不忘的作家签名。

走出书店的那一刻，黄昏已经来临，清风掠过，夕阳落在台阶旁泛红的叶子上，爱书者踏着落日余晖陆陆续续赶来，门每被推开一次，尚书吧的故事就又多了一个。

上　《尚书吧故事》记载了书店里许多妙趣横生的往事
下　尚书吧也是一个多重功能组合的文化休闲空间

楚平天空书吧，藏在闹市的一角

## 楚平天空书吧：闹市中的"自留地"

涂鸦、种草、养猫、修地板……在店里，楚平总是闲不下来。这家"楚平天空书吧"位于园岭站附近，周边街道绿树成行，那棵枝丫盖满大片天空的树得有些年头了，尽管已经深秋，绿叶还是慢悠悠地生长着，风吹过，让人想起了儿时的故乡。书吧隐匿于居民楼下，如同闹市中的"孤岛"。

棕色木板上印着书吧的名字,右下角挂着一块圆木板写着"酒"字。竖立着的长方形木板,中间黄色的"美术"二字格外显眼,旁边写着"想画画吗""一间画室""艺术修身",言简意赅,没有任何多余的言语修饰。露天处用木板搭建起一间"小屋",这是迷途的动物临时的家,上边可爱的小猫小狗为楚平所画,入门处悬挂着的木板上用粉笔写着"有缘定会遇见"。

一切像是被随意丢掷,又像是有意为之。2016年,这个现今生机盎然的地方还是一片"荒野",偶然途经的楚平对这间破旧的小屋"一见钟情"。她的脑海中渐渐绘就一幅画:在这里,下午放着乡村民谣,安安静静做点自己喜欢的事;晚上听点轻音乐,朋友们小聚漫聊。她太喜欢这里了,第二天便租了下来,萌发了打造成一家书吧的念头。建吧台、造小舞台、粉墙、装潢、涂鸦,都是她和朋友们一起动手完成。

书吧内的书大部分是顾客赠送的

一方舞台,是读者与店主互动交流的平台

美好愿想的种子落入现实的泥土总是渗进一丝苦涩的味道。即使周末座无虚席，整体收入也难以为继。2018年，楚平将饮品的价格做了大幅度调整。"如果不做调整我担心自己心态会转变。"她自己开始琢磨一些"私房菜"，丰满的理想与骨感的现实勉强握手言和。

　　书吧并不大，两张桌子，一个吧台。"菜单"也是手绘而成，如同加了一层"旧胶片"滤镜，又像是20世纪90年代电影中小卖部前的"广告"。店里的贵宾犬"人小鬼大"，声音洪亮，在桌椅间来回奔跑，慵懒的大猫总是一副昏昏欲睡的模样。在这样略显拥挤的空间里，主人毫不吝啬地开辟出一块小舞台。一把吉他，一张高脚椅，一个乐谱架子，多少次有人轻轻哼唱，身后的窗台由黄昏到夜色渐浓。书籍也不多，大多由客人赠送，各色手工小摆件搭配其中，书法作品被"随意"地悬挂在各个角落——"一生像风，爱恨自由"。大抵这也是书吧主人的生活信仰。来自五湖四海的明信片错落有致地挤到小木板上，画框里别具一格的地图铺开，到过的远方被细细标志其上。

　　在楼高墙坚的城市中，欲望和喧嚣暗流涌动，楚平天空书吧是我们曾经幻想过的那片远方的净土。这里没有不必要的寒暄与客套，可倾心交谈，可轻轻来，悄悄走。不必迎合，不必远送，来往之间，却能让这秋天里和煦的阳光洒到心灵的汪洋大海中。

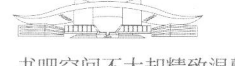
书吧空间不大却精致温馨

## 本来书店：深港共通的阅读平台

本来书店坐落于福田区的深业上城特色小镇中，是香港商务印书馆在内地开设的第一家书店，于2018年正式开业。这是一家集书店、咖啡、生活美学与文化体验于一体的复合型书店，取名"本来"，是希望传递一种让阅读回归知识和生活本源的态度，从根本中找到智慧的未来和前行的方向。

书店由三栋独立而又关联的建筑构成，分设三馆，每个场馆拥有独具一格的装潢和主题，现代、时尚、简约，充满浓浓的艺术气息。

亲子馆围绕儿童教育出发，以不同的年龄和主题划分不同区域。据了解，其中陈列的数千种儿童图书和益智玩具，超过一半来自海外和港台出版商，为孩子提供了一个国际化的启迪空间。这里有绘本阅读、游戏探索、玩具体验、讲座分享，亲子可在亲密互动中共同成长。

本来书店是香港商务印书馆在内地开设的第一家书店，于2018年正式开业

生活馆是书店的三个馆中面积最大的，里面还有特色咖啡馆

　　生活馆是建筑面积最大的场馆，整体偏向日式格调，以不同主题划分为中央主空间及六个分区，涵盖旅游、摄影、艺术、设计、心灵等生活时尚类书籍，其中由德国、日本引进的精品文具常常吸引顾客停留把玩。读者可在寻找书本的同时独自享受阅读。馆内设有内地第一家以凡·高艺术体验为主题的特色咖啡馆，在此享受一个人的悠闲午后是匆忙生活里的一大乐趣。

　　人文馆偏中式风格，古色古香，人文、社科、自然科学和中国艺术等书籍井然有序地陈列着，这里是深度阅读爱好者的心爱之所。演讲厅用以举办不同类型的分享会、讲座，为读者提供一个多层次文化交流空间。

本来书店犹如喧闹商城中的一片净土,每一个走进书店的人都享受其中的静谧与安宁。店内拥有超15000种外文图书、近万种港台版图书、近3000种来自欧美和日本的文创产品,读者可实现"无时间差、无地域差"的阅读体验。

SHEN ZHEN
**FUTIAN**

# 金融 福田

金融亦有圈 187

创客"孵化器" 211

展会，不落幕 225

CHAPTER THREE

SHEN ZHEN
FUTIAN

**福田区**
是深圳的**中央商务区**，
即**深圳CBD**，
是深圳最大的经济引擎。

据《中央商务区蓝皮书：
中央商务区产业
发展报告（2019）》显示，
深圳福田CBD税收为1800亿元，
税收亿元楼**86座**，
是全国各大城市CBD中
楼宇**经济质量最好**、
"**含金量**"**最高**的地区。

同时，**深圳福田CBD**
辐射指数最高，
具有超强的
**辐射能力**和**带动能力**。

## 金融亦有图

深圳证券交易所 *188*
平安国际金融中心 *194*
招商银行大厦 *198*
中国建设银行深圳市分行 *202*
中信证券 *204*
湾区国际金融科技城 *206*

深圳证券交易所旧楼前的雕像

# 深圳证券交易所

在素有深圳金融街之称的深南东路上,有一头俯首向前的铜牛,它脊背高耸,一副蓄势待发的模样,这就是深圳证券交易所旧楼前的雕塑。如建设深圳经济特区的拓荒牛一样,"牛气冲天"的它又曾犁过中国证券市场改革的多少试验田?

深圳证券交易所(简称"深交所")大楼位处福田区市民中心西侧,深南大道的北边。大厦底座被抬升至36米形成一个巨大的"漂浮平台",规整的建筑如同中流砥柱般矗立在那里,从远处看,它更像一把出鞘的宝剑,直指长空。

深交所伴随着股份制在新中国的发展而诞生，它见证了新中国证券市场从无到有，逐渐发展的历程。1984年，企业股份制开始试点，证券市场也在试点过程中萌动。随着股份制改革吹响冲锋号，各类股份制企业如雨后春笋般蓬勃发展起来。1988年4月1日，深圳发展银行（简称"深发展"）的股票首先在特区证券公司的柜台上交易，带动了一股证券交易的热潮。随后相继上柜交易的万科、金田、安达、原野，与深发展并称"深圳老五家"。特区证券是深圳也是全国最早成立的证券公司，与中国银行深圳国际

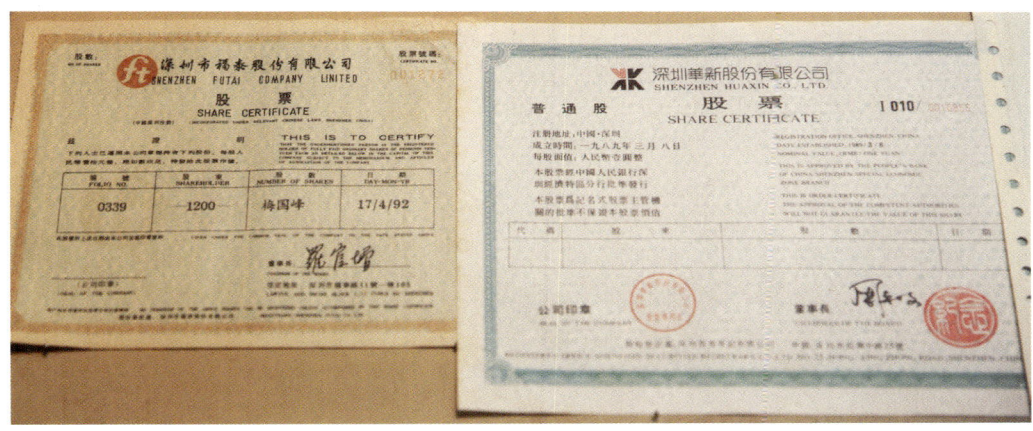

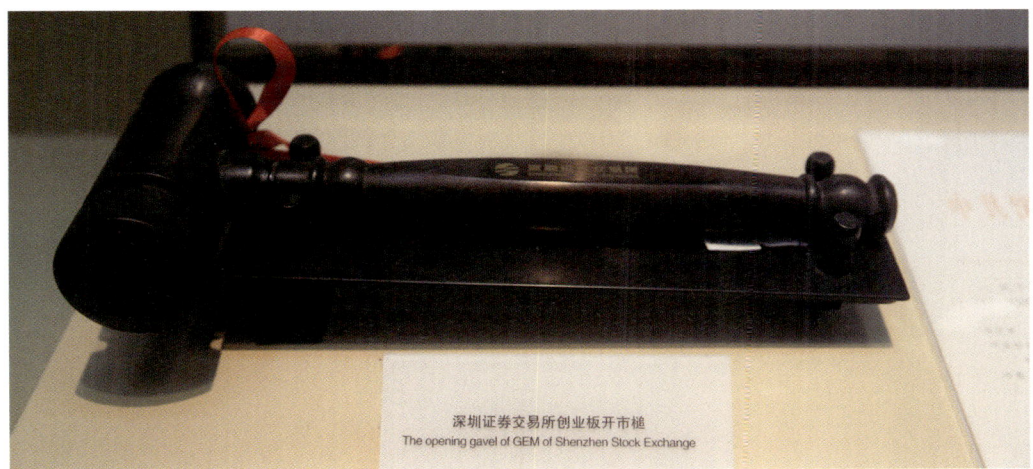

上　二十世纪八九十年代发行的股票。收藏于深圳博物馆
下　深圳证券交易所创业板开市槌

信托咨询公司、深圳国际信托投资总公司并称为"老三家"。"老五家"股票在"老三家"证券部的柜台交易，深圳证券市场就是这样发展起来的。

尚处于初创阶段的深圳股市，股票数量少而投资者众，供需严重失衡，柜台交易趋于狂热。整顿治理股市、建立正规的证券交易市场势在必行。1989年，深圳市政府决定

在深交所挂牌上市的企业都会在此举行敲钟上市仪式

如今，深圳证券交易所大楼屹立在深南大道北侧

筹建深圳证券交易所，与此同时，上海也在积极筹备证券交易所。深沪之争，谁能抢先开锣，一时成为业内谈资。

1990年5月，深交所筹备组负责人王健、禹国刚等人赴京申报。此时万事俱备，只欠东风，但是深交所的申报迟迟未得到批复。6月2日，上海证券交易所已获批准，12月将正式开业，深交所的紧迫感油然而生。11月22日，深圳市领导在深交所筹备现场听取了筹备组的汇报，当下拍板决定，深交所于12月1日试营业。

1990年12月1日，在中国改革开放的前沿——深圳经济特区，深圳证券交易所悄然开业，开业仪式上只有3个人。当时，谁也不会料到，发展到2010年时它会成长为全球融资额最大的资本市场,并深深地影响了中国的经济生活和亿万普通人的资本观念。1991年4月16日,深圳证券交易所获批准,7月3日正式开业。这一年,深圳股市狂热现象愈演愈烈,股市连续暴跌10个月。深圳市政府联合深交所展开"救市"大作战,筹集股市"调节基金",稳住龙头股深发展的股价,带动万科、金田、安达等股票价格趋稳,改变局面。"调节基金"入市,股市没有再出现大起大落。至10月,股市趋于稳定,"救市"行动终于告捷。

深圳市是股份制和股票市场的试点城市,深交所以本地资源为对象,包括本地证券经营机构、投资者、上市公司,建立了集中交易制度下的组织、技术和运作基础架构。深交所实现了股份的集中托管,实现了电脑自动撮合交易,具备了无形市场的雏形,市场表现为区域化市场特征。1992年1月,邓小平发表南方谈话,其中肯定了深圳证券市场的成绩,这对证券市场的发展起到了巨大的推动作用。11月20日,首只异地股票"武汉商场"在深交所挂牌上市,揭开了深圳作为全国性证券交易市场的发展序幕。

在深交所的创新与努力下,2004年5月17日,中小企业板正式开启,6月25日,中小企业板首批8家公司上市。至2005年,共推出50家中小企业股挂牌买卖。2009年10月23日,创业板正式启动,随后首批28家创业板上市公司集中上市。截至2019年12月底,深交所共有上市公司2205家,总市值23.74万亿元。

深交所从成立时的一波三折到取得骄人的成绩,其根据地一直都是在罗湖。但随着深圳政治经济中心向福田转移,深交所也开始筹划着将本部转移到深圳中央商务区。2013年,深圳证券交易所大楼竣工,深交所正式落户福田。

右页　位于深圳证券交易所大楼南侧的雕塑

## 平安国际金融中心

深圳中心城区,一栋栋摩天大楼指向天空,构成磅礴大气的城市景观。在这些摩天大楼当中,有一栋银灰色大厦特别显眼,它如一根擎天之柱,以599米的高度,再次刷新深圳建筑史上的第一高度。这就是深圳的地标建筑、中国平安的总部大楼——平安国际金融中心大厦。

平安国际金融中心位于深圳市福田商业中心区地段,毗邻深圳购物公园,与深圳会展中心相对。2007年,中国平安以16.568亿元挂牌价投得这宗地。自2009年奠基以来,这栋高楼迅速拔地而起,让深圳速度得到了最直观的体现。大楼原设计高度为660米,后因航空高度所限,建成后总高度为599米。

在设计上,这栋大楼融入了很多中国特色的元素,建筑的塔尖采用斜切式钻石形折

平安国际金融中心大厦,以599米的高度成为深圳第一高楼

叠,巨柱的转角通过不同角度的折叠和堆砌,很好地解决了与雨棚结构的碰撞和交错;观光平台采用手风琴式折叠,像一把打开的折扇;裙房立面运用凹凸造型交错、有序地叠加,在韵律中做倾斜的渐变,像一束阳光斜照在墙面。这种"折纸"元素的应用,体现了中国传统文化的魅力和审美,同时也让这栋摩天大楼成为当之无愧的城市地标。

　　平安国际金融中心由北塔、南塔、裙楼及连通南北塔的5层地下室组成,北塔为主体建筑,高599米,共118层。2019年,被世界高层建筑与都市人居学会授予"世界最高办公建筑""中国华南地区最高建筑""2019年最佳高层建筑杰出奖"三项认证,荣膺2019年度全球400米以上最佳建筑奖。

　　改革开放40多年,我国经济快速发展,各大城市相继涌现出地标建筑。这些建筑一

平安国际金融中心是平安集团总部所在地

定程度上反映了城市的经济发展水平和文化风貌。深圳是在改革开放中迅速发展起来的城市，这座城市的地标建筑与经济发展速度相对应，不断被刷新。地标建筑的刷新，反映了经济结构的变化。20世纪80年代的电子大厦、国贸大厦，体现的是深圳早期以电子工业、进出口加工业以及引进外资为重点的发展特征；20世纪90年代地王大厦、赛格大厦，则预示着商业地产和信息科技时代的来临；到21世纪初，深圳以市民中心代表了城市精神文明建设的新高度；而如今，京基100、平安大厦体现了深圳将打造开放、创新、发展的金融中心。这些地标建筑按着年代，井然有序地构成了一部深圳经济发展史。

1988年，仅有十几位员工的平安保险公司在深圳蛇口诞生，由中国人民银行总行颁发"经营金融业务许可证"，这是我国第一家股份制、地方性的保险企业。1991年，平安把公司总部从蛇口迁至罗湖深圳国际信托大厦。之后一年，平安相继在深圳各个区成立分公司，并迎来重大的历史时刻——国务院正式批准平安冠以"中国"二字。1995年，位于福田八卦岭的平安大厦正式启用，平安总部自此落户福田。2008年9月，平安总部入驻福田CBD的星河发展中心，这一年，平安首次入榜世界500强。十多年来，平安实现快速发展，从世界500强的第462位，到2019年跃升为第29位。2017年初，平安国际金融中心竣工，平安集团总部正式入驻。

如今，站在平安国际金融中心116层的观光厅极目四眺，郁郁葱葱的莲花山、"大鹏展翅"的市民广场、川流不息的车流尽收眼底，周围虽然摩天大楼环绕，却颇有"一览众楼小"的感觉。深圳平安国际金融中心的建成，不仅是中国平安发展史上的里程碑，更是深圳金融业发展和城市建设新的里程碑。

# 招商银行大厦

沿着深南大道往东,道路两旁的高楼大厦让人目不暇接,而行至福田竹子林至车公庙路段,大路北侧一座高耸入云、造型别致、形似"博士帽"的大楼非常引人注目。这栋大楼就是招商银行大厦,是招商银行总行所在地。

招商银行是招商局集团的下属公司,1987年在深圳蛇口成立,是中国第一家由企业创办的银行。1993年,招商银行总部落户福田华强北深纺大厦,翌年又迁至深南中路的新闻大厦。与此同时,招商银行开始着手选址,经过前期筹备,施工建设,招商银行大厦于2001年落成,招商银行终于有了自己的总部大厦。同年12月2日,招商银行总行正式迁至招商银行大厦。

招商银行大厦的外形犹如一顶硕大的"博士帽",由5层裙楼和48层塔楼组成。塔楼由方形的底盘逐层攀高逐层变化,直到顶上形成一个正八边形,再向上是一个反向的设计,又使塔楼返回到方形。楼冠嵌有硕大的招商银行标志,让人即使在很远的地方也能清晰看见。大厦由美国著名建筑设计师李名仪设计,他所在的建筑师事务所曾设计过不少世界500强企业的总部大楼,设计风格以简洁、稳重为主,这正符合招商银行要迈向国际化的定位。作为深圳当时少有的超高层建筑,在大厦的奠基典礼后,设计方带着6米高的建筑模型到广州接受风洞试验,到哈尔滨进行过地震测验,经过严苛的安全检测后,于1997年才正式开工建设。

继承了"蛇口基因"的招商银行,以"促进中国民族经济发展和探索中国金融改革道路"为己任,像深圳的拓荒牛一样,开疆扩土,让自己屹立在时代的潮头。1995年7月,招商银行推出银行卡"一卡通",被誉为中国银行业个人理财的创举。1999年9月,招商银行率先在国内全面启动网上银行"一网通"。2002年12月,招商银行率先推出一卡双币国际标准信用卡,成为国内最大的国际标准信用卡发卡行。同年,招商

招商银行大厦,外形犹如一顶硕大的博士帽

银行向社会公开发行15亿股A股,4月9日在上海证券交易所挂牌上市。翌年,招商银行被《欧洲货币》评为"中国最佳银行"。2006年,招商银行开始在香港公开招股,发行H股,并在9月22日于港交所上市。自2012年首次入围《财富》世界500强企业以来,招商银行已连续8年入围。

招商银行在福田区纳税百强企业中名列前茅,据相关部门统计,2018年福田区生产总值突破4000亿元人民币、税收过亿元的写字楼达86栋,而招商银行大厦,正是其中的领头羊。

白天,阳光照在玻璃幕墙上,折射出五彩斑斓的光;夜晚,华灯初上,大厦亮起点点灯光,如繁星璀璨。作为福田的地标建筑之一,招商银行大厦屹立在车水马龙的深南大道旁,见证了招商银行像深圳的拓荒牛一样,开疆扩土,走在时代的潮流前沿,也见证了深圳改革开放四十年来的伟大成就。

招商银行是一家由企业创办的银行,在中国内地市值排名前列

# 中国建设银行深圳市分行

"**哪**里有建设，哪里就有建设银行。"中国建设银行因建设而生、因改革而兴，伴随中国改革开放40年，在响应国家号召、推进改革发展方面，始终走在我国银行业的前列。2000年，建行首次入榜《财富》全球500强企业，排名第364位，至2019年，排名上升至第31位。

中国建设银行成立于1954年10月1日，当时中国开始执行发展国民经济的第一个五年计划，大规模经济建设在全国陆续展开，为管理好巨额建设资金，设立了建设银行。到了20世纪60年代，因建设东江—深圳供水工程项目，建设银行宝安县支行应运而生。1979年10月，随着宝安县升级为深圳市，宝安县支行也更名为深圳市支行。1982年7月2日，中国建设银行深圳市分行（以下简称"深圳建行"）正式成立。

自成立之日起，在深圳这座充满创新精神的年轻城市中，从未停止建设和创新的脚步。1986年，投入广深双线工程建设；1987年，参与支持大亚湾核电站项目；1989年，支持深圳机场建设……在深圳经济特区建设一路高歌猛进的时候，深圳建行始终紧跟步伐，为深圳基础设施和支柱产业的建设提供了大量的建设资金和金融服务。

在深圳改革开放的洪潮中，深圳建行抓住机遇，全面拓展业务，不断壮大自身综合实力。1985年，深圳建行在全国首开楼宇按揭贷款模式，为深圳住房改革、安居工程及商品房的开发提供了各项服务和资金支持。1989年至1996年，深圳建行连续八年人民币一般性存款年末余额在深圳市金融系统排名第一，创下"八连冠"的辉煌业绩。自2006年税前利润、一般性存款、各项贷款等主要指标全面跃居四大银行第一后，十余年来深圳建行一直牢牢占据深圳银行业的领先地位。2016年，深圳建行跻身对深圳生产总值贡献最大的20强企业行列。

中国建设银行深圳市分行一直牢牢占据深圳银行业的领先地位

经过40年的辛勤耕耘,深圳建行成为主要经营指标和综合实大位居深圳同业前列、服务经济特区金融的中流砥柱。深圳建行经营门类齐全,业务品种丰富,众多产品为深圳同业首创,连续三年荣获深圳市金融创新奖。伴随着深圳的不断成长,目前深圳建行已成为拥有200余个营业网点、5700余名员工的大型金融机构。

# 中信证券

**深**圳市福田中心区高楼林立,这里是全国中央商务区"含金量"最高的地区,中信证券股份有限公司的总部基地——中信证券大厦在其中并不是最显眼的,但其分量举足轻重。

中信证券股份有限公司于1995年在北京成立,原为有限责任公司,由中国中信集团公司(原中国国际信托投资公司)、中信宁波信托投资公司、中信兴业信托投资公司和中信上海信托投资公司共同出资组建,是中国证监会核准的第一批综合类证券公司之一。1999年,中信证券注册地迁入深圳,于2003年在上海证券交易所挂牌上市。

2009年,中信证券经过多重考虑,最终决定将总部建在深圳,同时斥资10.4亿元购下深圳福田中心区核心位置建造面积逾3万平方米的卓越时代广场二期写字楼,作为总部基地。2011年,中信证券在香港联合交易所上市。

中信证券的业务范围包括证券经纪（限山东省、河南省、浙江省天台县、浙江省苍南县以外区域），证券投资咨询，与证券交易、证券投资活动有关的财务顾问，证券承销与保荐，证券自营，证券资产管理，融资融券，证券投资基金代销，代销金融产品，股票期权做市。中信证券下属中信证券（山东）有限责任公司、中信证券国际有限公司、中信期货有限公司、金石投资有限公司、华夏基金管理有限公司、中信证券投资有限公司等6家主要控股子公司，下属中信产业投资基金管理有限公司、建投中信资产管理有限公司等2家主要参股子公司。据中国证券业协会公布的证券公司经营数据显示，2008年中信证券的总资产、净资产、净资本、净利润等均居行业第一，十多年来一直领跑中国证券业。2018年，中信证券总资产位居行业第一，达5080.41亿元，也是中国唯一总资产超过5000亿元的券商。截至2019年末，中信证券总资产达7917亿元。

关于深圳经济发展和企业创新，业内流传着一句口号：中国创新经济看深圳，深圳经济看深企。深圳20强的企业，几乎都是国内行业的龙头企业，正如中信证券做到了证券行业的第一名。这些企业共同支撑着深圳这座强大的城市迈向更高级的"科技金融"之城。

中信证券是中国证券行业的龙头企业，总部位于深圳"含金量"最高的CBD

# 湾区国际金融科技城

深圳是中国内地三大金融聚集区之一，而提到深圳金融业，肯定绕不开福田。这里不仅有深圳证券交易所，还聚集了深圳70%的金融机构，包括平安集团、招商银行、中信证券、南方基金等大型知名企业，福田是名副其实的金融中心的"中心"。

2019年3月，为响应大湾区金融科技建设与发展的部署，打通深圳与香港、澳门金融科技战略合作的新脉络，助力大湾区建成全球最具影响力的金融科技创新高地，在以"十年转型路，共铸大湾区"为主题的第十届中国（深圳）金融科技发展论坛上，粤港澳"湾区国际金融科技城"正式挂牌，落户福田。这是首个响应"开展科技金融试点，加强金融科技载体"要求的大湾区金融科技空间载体。基于福田的核心金融优势，位于福田上梅林的面积约3万平方米的华超大厦被打造为"湾区国际金融科技城"。

截至2019年10月10日开园，湾区国际金融科技城已实现100%的企业入驻率，入驻的都是金融科技各领域的龙头及高成长性企业，包括人工智能、区块链、云计算、大数据等技术领域，涵盖天使轮到主板上市的各融资阶段。

湾区国际金融科技城将会继续营造金融科技创新氛围，发挥作为促进绿色产业的金融科技发展的高端资本、人才空间的优势，从硬件和软件建设两方面全力打造大湾区金融科技发展核心引擎。福田区有作为南方金融中心、粤港澳"半小时圈"的区位优势，湾区国际金融科技城将基于这样的优势，加强对深港澳金融科技人才的培养，加强金融科技载体建设，用金融科技手段推进大湾区金融市场互联互通，全力打造面向国际、辐射湾区的金融科技聚集中心、互联互通中心、人才培养中心和研发创新中心，助力打造世界级金融科技大湾区，为深圳建设中国特色社会主义先行示范区做出应有的贡献。

深圳宝安国际机场

深圳夜景

SHEN ZHEN **FUTIAN**

2017年,
福田区获批
**国家级**大众创业、万众创新
(简称"双创")
**示范基地。**

**华强北**
在福田的**创客运动**中
扮演着不可或缺的角色。

作为**全球最大**的
电子信息产品交易集散地
和信息枢纽中心,

华强北吸引、
**聚集着全球创客,**
**现已汇聚中电智谷、**
**赛格众创空间、**
HAX华强北硬件加速器等
八大众创空间。

# SECTION II

## 创客"孵化器"

创客,不是客 <sup>212</sup>
深圳文化创意园 <sup>215</sup>
中芬设计园 <sup>218</sup>
T-PARK深港影视创意园 <sup>221</sup>

# 创客，不是客

2015年，全国两会政府工作报告中，首次提到了"创客"一词，指出要让"众多创客脱颖而出"。这无疑是一个振奋人心的消息，意味着"科技创新、产业转型升级"等举措将正式纳入国家发展的战略，同时也意味着创客"春天"的来临。

创客，就是一群好奇心很强，有情怀的梦想家和实践家。广义上来讲，创客代表开放、分享、动手解决问题的精神；狭义上来讲，创客跟技术有关，尤其是物联网技术。创客制作所用的工具，比如3D打印机、数字机床、激光切割等，还有他们在"玩"方面的创意，比如飞行器、机器人、3D打印等，多属于信息技术，是创客运动的首个层面。中国创客不仅包含了"硬件再发明"的科技达人，还包括了软件开发者、艺术家、设计师等诸多领域的优秀代表。他们所做的事情，足以影响一个时代，他们是工业4.0的时代先锋。

创客空间是随着创客逐渐增加，在经验交流、材料共享的需求基础上发展起来的一种公益性组织，是一个人们能分享兴趣、合作、动手、创造的地方，涉及的领域多数是电脑、技术、科学、数字或者电子艺术，也包括其他更多方面。很多创客空间参与自由软件、开源硬件、新媒体的活动，活动地点经常在大学、社区活动室、成人教育中心，有些需要更多空间的甚至可以直接在厂房里。2010年，深圳第一家创客空间——柴火创客空间正式成立。深圳是一个年轻而又充满活力的国际化城市，有着多元包容的城市特质、完整的硬件制造产业链、强大的工业设计力量、完善和创新的生态系统、丰富的互联网和金融平台，可以说，这里是创客的天堂，也是中国最具科技创新力量爆发潜能的城市。

上　华强北赛格广场内的创客空间可为创客提供众多创业服务
下　赛格电子市场内部

2017年，福田区获批国家级大众创业、万众创新（简称"双创"）示范基地，在推动双创政策落地、扶持双创支撑平台、构建双创发展生态等方面大胆探索、勇于尝试、成效明显。福田区华强北在创客运动中扮演着不可或缺的角色。作为全球最大的电子信息产品交易集散地和信息枢纽中心，华强北以强大的产业服务功能、敏捷的市场反应速度、优质的产业配套服务、健全的产业生态系统，吸引、聚集着一批又一批的全球创客。

现华强北已汇聚中电智谷、赛格众创空间、HAX华强北硬件加速器等八大众创空间，创新创业氛围浓厚，具备辐射带动作用。如今，落户华强北的来自美国的全球知名硬件加速器HAXLR8R的创始人，以及像PCH这样全球知名的供应链管理公司，都异口同声地说全球再也找不到像深圳华强北这样能够把产品快速做出来的地方，他们所看重的正是华强北硬件配套的全产业链优势。

深圳iF设计大奖展，是福田青年创业的平台之一

深圳文化创意园的创意墙

# 深圳文化创意园

文化创意产业园在国内外已经不是什么新鲜的概念了，比如北京的"798"、上海的"田子坊""八号桥"等等。受到这些先行者的鼓舞，全国各地都曾一度掀起了创办文化创意产业园的风潮。这些产业园的建筑很华美，外面的各式雕塑、涂鸦等也很吸引眼球，但它们是否真的起到了拉动一个地方文化创意产业的作用，却值得商榷。

深圳文化创意园，位于深圳市福田区新洲路与福强路交会处，由原沙尾工业区厂房整体改造而成。深圳文化创意园建筑外部中规中矩，颇为低调，但内部入驻的企业却如八仙过海，各显神通：有装饰成植物园的，有主打未来科幻风的，有仿古中式装

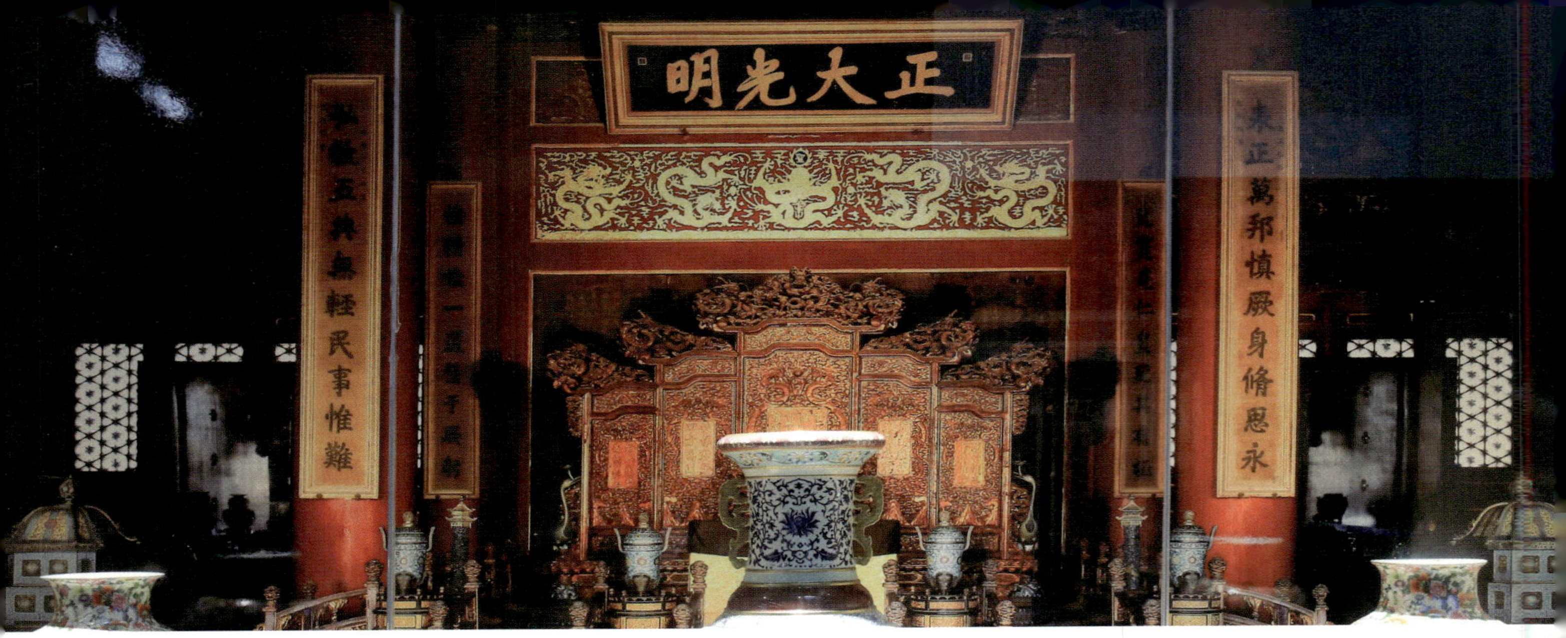
正大光明
表正萬邦慎厥身脩思永

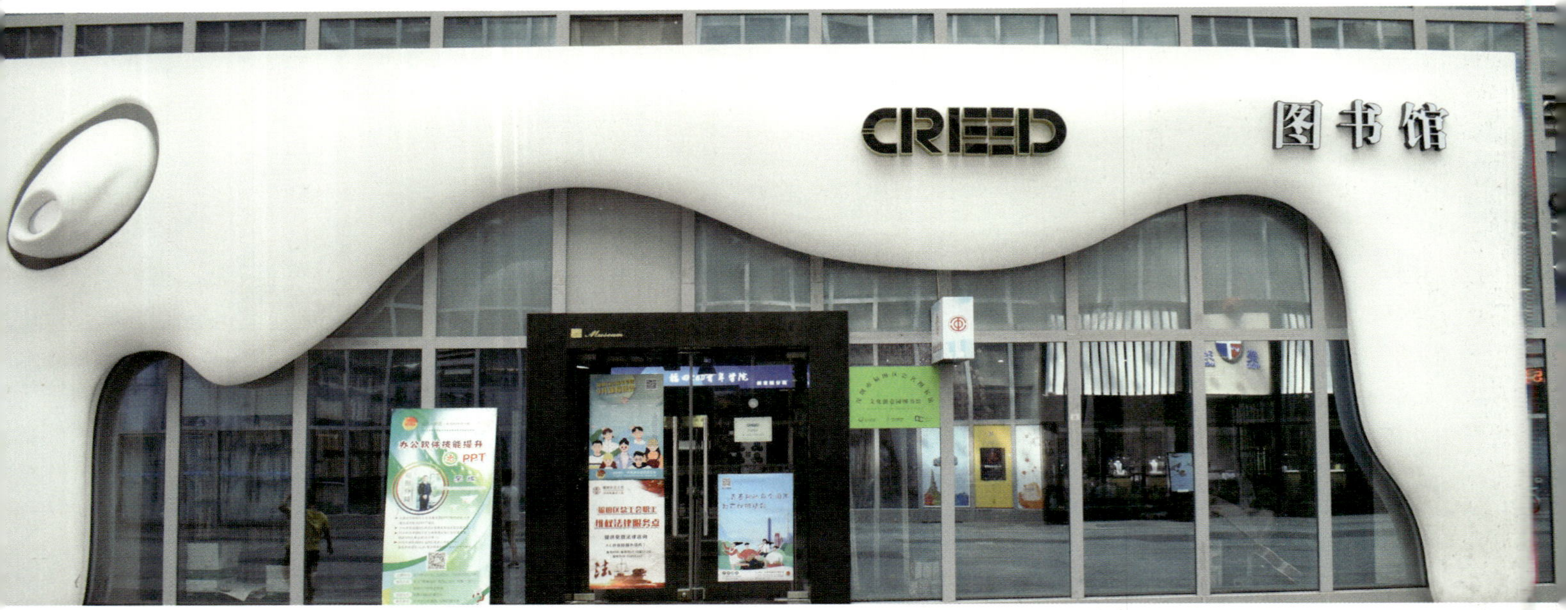
CREED
图书馆

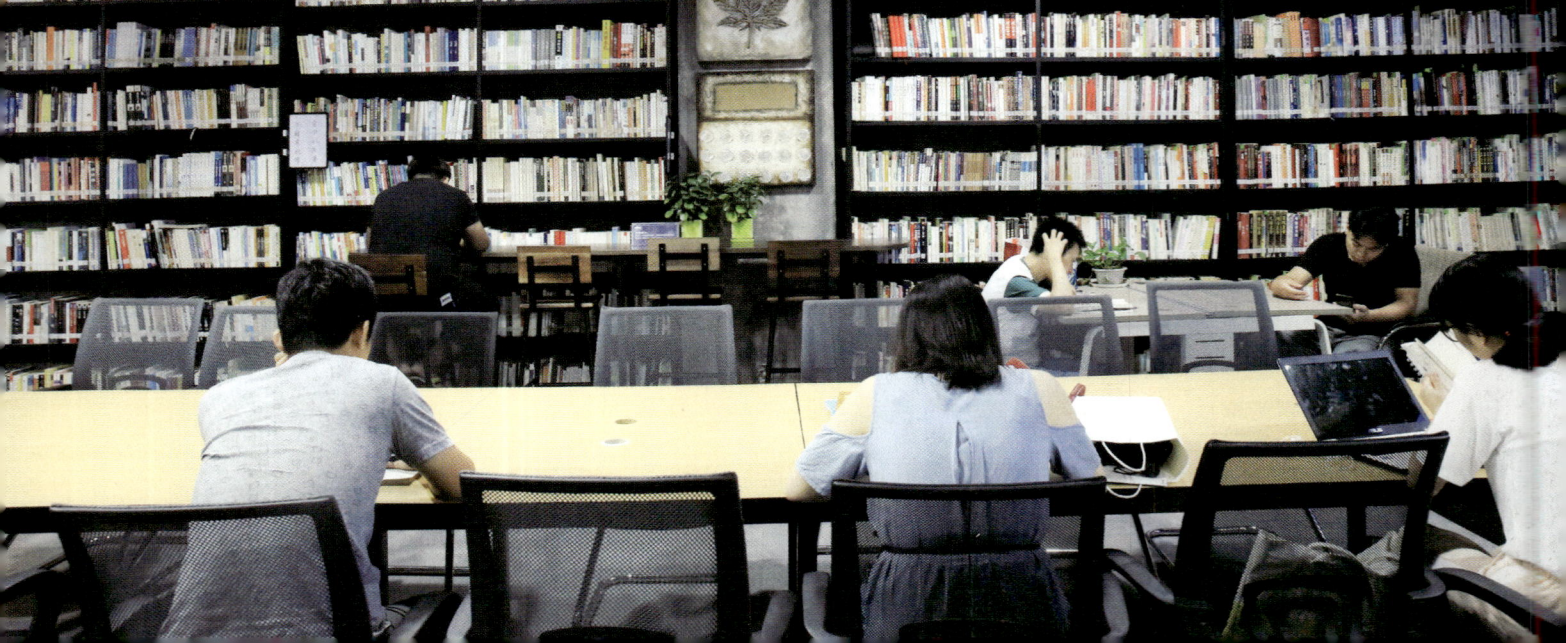

修的，等等。和国内许多空置率居高不下的创意园比起来，深圳文化创意园的出租率为百分之百。

开园13年，深圳文化创意园经历了转型与跨越。凭借独特的资源优势、鲜明的产业特色、良好的发展环境，深圳文化创意园已成为集文化产业的原创、研发、展示、交易及配套服务为一体的高端文化创意园区。深圳文化创意园坚持"文化+科技"的发展方向，涵盖影视新媒体、创意设计、高端工艺品、文化软件等四大重点领域。

深圳文化创意园深入了解文化创意产业并参与其中，起到扶持和引领的作用。通过搭建信息服务平台，使得整个园区有效互联网化；建立法律服务平台，对合同签订、法律纠纷等方面提供咨询与服务；提供小商户在园区内匹配新的产业链组合；组织形式多样的主题活动，鼓励园区商户积极参与，有力地保证了园区内的创意活力，也促进了园区企业和异地同行的交流。园区营造了良好的商业环境，集群效应、产业链效应为园区带来了巨大的经济效益，并成功引进三家、孵化两家上市公司。

中国首座田黄博物馆、国粹艺术馆（深圳）、修享茶空间等机构落户深圳文化创意园，不仅为园区增添了传统文化的气息，也为收藏家和传统文化爱好者提供了一个鉴赏交流平台。深圳文化创意园在园内建设了一座两百平方米的公共图书馆，这是一个纯公益性的项目，它不仅面向园区内的企业员工，还面向社会人群，甚至可以提供社会服务。这个公共图书馆取名为CREED（信条）书吧，它的建立不仅增添了创意匠的人文情怀，也为园区内的企业实现相互交流提供了纽带，这在全国范围来看都属于创举。

上　深圳文化创意园内的田黄博物馆
中　CREED（信条）书吧是一家公共图书馆
下　CREED（信条）书吧是园区内的企业互相交流的纽带

# 中芬设计园

2013年6月,深圳市代表团赴芬兰赫尔辛基考察访问,深圳与赫尔辛基结为友好交流城市。两座因设计结缘的"设计之都"联手打造设计产业园。2014年11月28日,中芬设计园在深圳市福田保税区福年广场开园。

中芬设计园是以工业设计为核心的国际化产业聚集区

中芬设计园内的工业设计作品展厅

中芬设计园是以工业设计为核心的国际化产业集聚区，采用"中外合作+政府引导+市场运作+专业运营"的商业模式，引进国内外知名设计机构，积极培育本土的国际化设计团队和创新企业。依托深圳开放创新实验室作为苗圃，海峡两岸青年创业基地帮助企业完成创业孵化，深圳市工业设计行业协会帮助企业实现加速成长，中芬设计园以"苗圃－孵化－加速"三步曲，构建了从创新个体到创业团队再到创新企业的递进式创新服务体系，打造面向未来的智能产业生态平台。中芬设计园的独特运营增值模式——"设计共同体"已实现从"集聚"到"裂变"，成为立足深圳、辐射全国、面向全球的创新服务平台。

开园5年多以来，中芬设计园致力于提供助力企业成长和人才孵化的需求性服务，搭建涵盖技术交流、商业合作、人才举荐、创意研发的一体化公共服务平台。园区多次举办了具有国内外深远影响力的活动，包括国际开源循环经济大会深圳站、创客西游、深圳创客创业嘉年华、海峡两岸创新创业路演大会、金点设计奖复审会议深圳分场、台湾青创行、中国（深圳）国际文化产业博览交易会中芬设计园分会场、全国双创周深圳活动暨深圳国际创客周系列活动、深圳国际工业设计大展中芬展区等，不仅让国内众多的优秀设计作品走向国际，还带动了企业内部和产业链上下游的"双创"汇聚。

园区建筑面积约3万平方米，现入驻企业近50家，其中工业设计企业占比50%，涵盖了业内领先的设计创新企业，如艺符设计（深圳）有限公司、陈宋品牌设计顾问、朗图创意体、丝路数字视觉股份有限公司、深圳市佳简几何工业设计有限公司等等。同时，Fab Lab国际微观装配实验室、国际众创空间、海峡两岸青年创业基地、智能产品众筹首发平台、深圳开放创新实验室、深圳市工业设计行业协会等国际顶尖创新平台也落户园区。中芬设计园瞄准从"双创"到中国制造2025的产业发展方向，借助园区的国际设计和创客资源推动区域经济和产业创新双向发展，促进中国制造2025与工业4.0的对接。

中芬设计园内的办公环境

T-PARK 深港影视创意园，位于福田与罗湖交界处的滨河大道旁

# T-PARK 深港影视创意园

T-PARK深港影视创意园是福田区唯一以影视为主题的创意产业园，位于福田与罗湖交界处的滨河大道旁，毗邻香港米埔自然保护区。T-PARK自2015年开园以来，一直致力于推动影视产业的发展，促进业内多样化的交融与合作，如今已是市级文化产业园。

所谓"T"，代表着电视影业、技术、团队、趋势等，也代表"T"型人才（即复合型人才）和"T"型产业园。T-PARK横向延伸影视相关的广告创意、服装定制、场景制作等多种业态，通过园区内有效的互动实现协同发展；纵向拥有投资、制作、宣发、衍生品等上中下游的完整影视产业链，实现影视产业集群效应。

T-PARK深港影视创意园立足深圳，以"影视+科技"为发展方向，融合剧本创作、影视拍摄、技术制作、后期处理、新闻发布、创意设计、发行销售、金融投资等众多专业化内容，形成与影视有关的产业集群效应，致力于打造成大湾区最专业的影视创意企业总部基地。同时，结合香港深厚的影视商业化的优势，推动中国影视产业走向国际化，为全球提供一流的影视制作空间和影视产业链集群。

园区位于深圳CBD，具有深港澳一小时交通圈优势。园区总建筑面积两万多平方米，除了多元化风格办公室空间，还配套有空中花园、咖啡馆、私人影院、餐厅等，可供电影放映、沙龙讲座、小型演出、艺术展览等综合文艺展示活动。目前园区入驻企业近40家，包括了深圳极速文化传媒有限公司、深圳鲲鹏影视文化传媒有限公司、深圳大爱阳光文化传播有限公司、深圳微波新媒体文化传播有限公司、深圳市千动文化传媒有限公司等业内知名企业。

2019年在T-PARK深港影视创意园举行的深港影视合作发展论坛

为更好地打造影视文化创意产业链,园区规划"四大基地、四大平台、一园、一商圈"十大功能板块。"四大基地",即影视产业基地、影视人才孵化基地、影视科技+娱乐体验基地、影视文创活动基地,整合众多影视专业企业以及影视行业导演、拍摄、制作、演员等资源,开设电影学院和影视培训班,不断培养和输出影视"T"型人才。基地的打造,也让园区成为不仅是影视活动的策源地,更是业内企业首选的活动平台,影视发布会、文博会(分会场)、深港双城影像周等活动都在此举行。"四大平台",即影视产品与版权交易平台、影视产业与资本投融平台、影视人才与项目交融平台、华语影业从业者交流平台,促进人才、资源、技术的对接,推动影视业发展。"一园"是指影视科技主题公园,有最新最炫的影视高科技体验、丰富好玩的影视艺文活动、充满想象力的创意市集,打造大湾区首个电影文化与科技相融合的商业集群。"影视+"创意商圈则依托园区的影视周边衍生品等资源,打造广大市民玩味影视梦的娱乐圣地。

T-PARK 深港影视创意园致力打造大湾区的影视创意企业总部基地

SHEN ZHEN **FUTIAN**

**首届高交会**
如期在深圳成功举行，
改写了深圳乃至**中国**
**高新技术产业**的
发展进程和布局。

高交会深深地改变了
无数深圳**创业者**的命运，
成为深圳人**造梦的舞台**。

大批深圳科技企业，
因为高交会
这一深圳
**高新技术产业**发展的
**"超级助推器"**，
如雨后春笋般涌现，

演绎着经典的
**创业故事**和**财富传奇**。

## 展会，不落幕

高交会：中国科技第一展 226
文博会：中国文化产业第一展 232
深圳国际工业设计大展 236
粤港澳大湾区车展 240

SECTION III

# 高交会：中国科技第一展

2019年11月13日，深圳福田的会展中心场馆面貌一新，各国旗帜迎风招展，场馆内外人声鼎沸，来自国内外的展商和观众接踵而至。这正是第21届中国国际高新技术成果交易会（简称"高交会"）的开幕现场。

2019年的高交会以"共建活力湾区，携手开放创新"为主题，展示的科技和产品包括新一代信息技术、节能环保、光电显示、智慧城市、先进制造、航空航天等高科技前沿领域。展会吸引了3300多家展商、逾万个项目，阿根廷、澳大利亚、奥地利、

日本、韩国、美国、欧盟等44个国家和国际组织以及68个境外团组参展，参展国家数创历史新高。

　　高交会由商务部、科技部、工信部、国家发改委、农业农村部、国家知识产权局、中国科学院、中国工程院等部委和深圳市人民政府共同举办，至今已成功举办21届，是目前中国规模最大、最具影响力的科技类展会，有"中国科技第一展"之称。高交会集成果交易、产品展示、高层论坛、项目招商、合作交流于一体，已成为中国高新技术领

高交会每年一办，2018年起，展期调整为11月中旬第一个星期三开幕

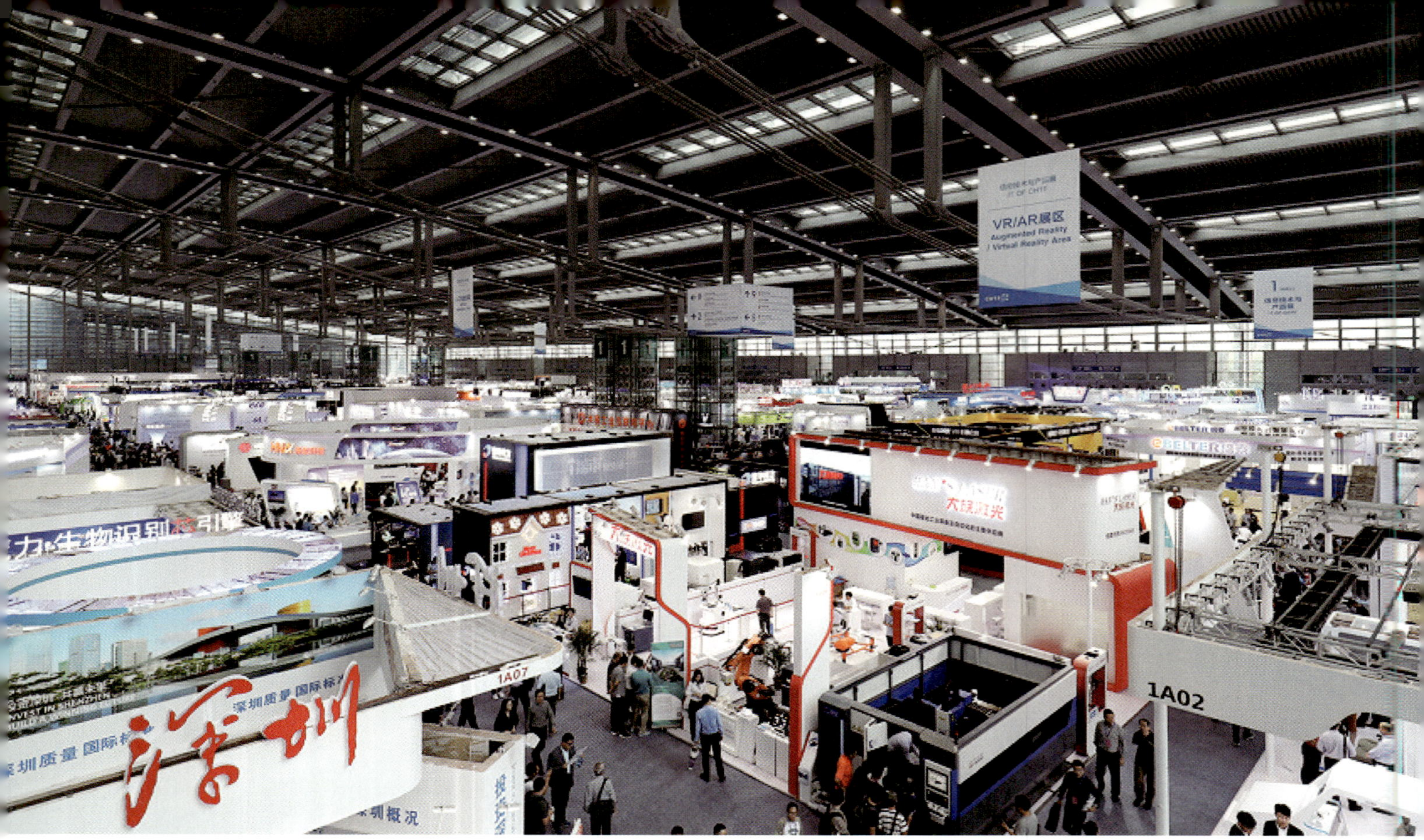
VR/AR展区
Augmented Reality / Virtual Reality Area
1A07
1A02
深圳

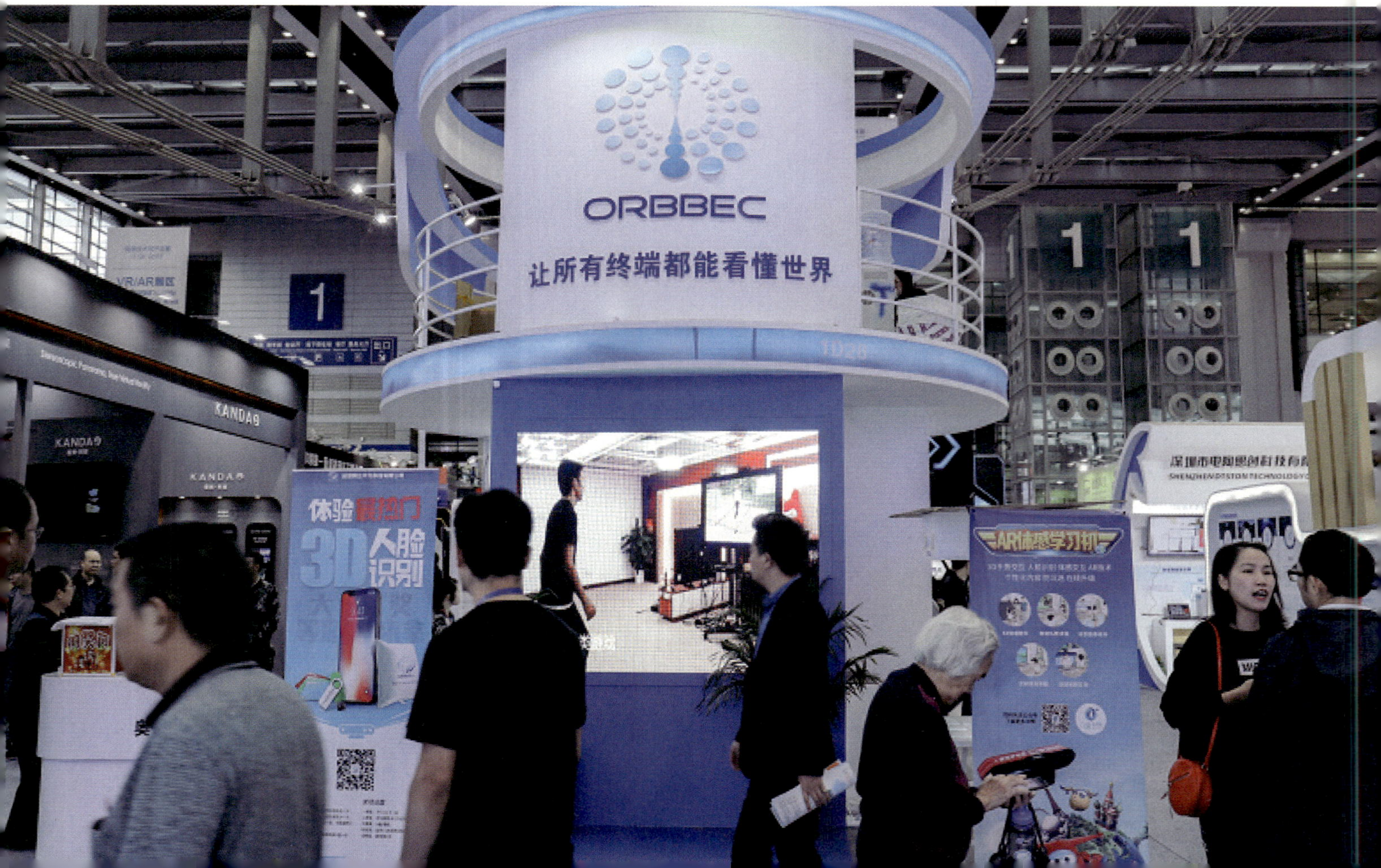
ORBBEC
让所有终端都能看懂世界
1
KANDAO
体验
3D人脸识别

域对外开放的重要窗口,在推动高新技术成果商品化、产业化、国际化,促进国家、地区间的经济技术交流与合作中发挥着越来越重要的作用。

20世纪90年代末,知识经济和高科技浪潮席卷全球,但深圳乃至全国尚处于高新技术产业发展初期。1998年,深圳市领导组成考察团,赴上海、厦门、大连3个城市进行了一次长时间的学习考察。回深圳后,深圳市领导决定把"荔枝节"改为"科技节",将高科技作为主题,着手筹办首届深圳高新技术成果交易会,并决定建一个专门举办高交会的大型场馆。半年的时间,高交会馆拔地而起,让世人再次见证了"深圳速度"。

1999年10月12日至10月16日,首届高交会如期在深圳成功举行,影响了深圳乃至中国高新技术产业的发展进程和布局。同时,高交会也深深地改变了无数深圳创业者的命运,成为深圳人造梦的舞台。第一届高交会举办时,正是腾讯发展举步维艰的时期,马化腾在高交会上拉来了第一笔融资,成就了后来的商业骄子和腾讯帝国。同样是在首届高交会上,"U盘之父"朗科邓国顺将小小的U盘从3米高的位置抛下,引来了新加坡一家投资企业的资金。还有大族激光、金蝶、比亚迪、迈瑞、同洲、赛百诺、冠日、海云天等大批深圳科技企业,因为高交会这一深圳高新技术产业发展的"超级助推器",如雨后春笋般涌现,演绎着经典的创业故事和财富传奇。

高交会每年一办,举办时间几度调整,2018年作出了新的展期调整,每年11月中旬第一个星期三开幕,为期5天。2004年,位于福田的会展中心开馆,高交会自第6届开始在会展中心举行。2006年,举办了第1~5届高交会的展馆被拆除,那个曾在深南路旁矗立了7年的地标性建筑成为高交会最珍贵的记忆!

上　高交会是目前中国规模最大、最具影响力的科技类展会,有"中国科技第一展"之称
下　高交会是中国高新技术领域对外开放的重要窗口

位于福田的会展中心，自 2004 年开馆以来，高交会均在此举办

# 文博会：中国文化产业第一展

2019年5月16日，第15届中国（深圳）国际文化产业博览交易会在深圳会展中心盛大开幕。此届文博会立足于中华人民共和国成立70周年、推进粤港澳大湾区发展等主题，重点突出文化融合、文化传承、文化创新等特色。1个主会场和66个分会场汇聚了海内外10多万种文化创意产业展品、近6000个文化产业投融资项目，50个国家132个机构参展，2.1万多个海外采购商在现场进行参观、采购、洽谈，其规模可见一斑。

中国（深圳）国际文化产业博览交易会（简称"文博会"），是中国唯一的国家级、国际化、综合性的文化产业博览交易会。2002年，在国家积极发展文化事业和文化产业的环境下，深圳市政府提出创办文化产业博览会。2004年1月30日，文化部批准了文博会立项，我国内地第一个国际性文化产业博览会诞生。首届文博会举办前，其主办单位一再调整，最终确定为由文化部、国家广电总局、国家新闻出版总署、广东省政府共同主办，深圳市政府承办。这样高的规格，就预示着文博会将有个精彩的开端。而后，在历届文博会上又依次增加商务部、中国贸促会、深圳市政府为主办单位。2004年11月18日至22日，首届文博会正式举行，各类观众达47.7万人次，累计合同成交额31.36亿元。首届文博会一炮打响，入选2004年"全国十大文化事件"。

文博会以"主会场+分会场"的模式运行，以博览和交易为核心，致力于打造中国文化产品与项目交易平台，被誉为"中国文化产业第一展"。从2005年开始，文博会定于每年5月在深圳会展中心举行。文博会也是促进文化资源向文化资本转换的重要纽带。其着力培育的"文化+科技""文化+创意""文化+旅游""文化+金融"等新型业态不断地促进文化与资本的对接，一批知名文化企业和文化品牌蓬勃发展，进一步催生了文化市场活力。

与此同时，文博会也是观察世界文化产业发展趋势的窗口，是将中国文化产业推向

文博会是中国的文化产品与项目交易平台，被誉为"中国文化产业第一展"

233

文博会上展出的绢扇

世界的重要平台。2006年，刚举办两届的文博会便获得国际展览业协会UFI认证。UFI是世界博览业最具代表性的协会，也是世界博览会、展览会行业唯一的国际性组织，被展览界公认为展览会走向世界的桥梁。获此荣誉意味着文博会在中国的博览会、展览会行业中均占据领先地位，也意味着其在走向国际舞台上迈出了重要的一步。

15年来，文博会借着中国经济、文化的繁荣发展，不断地登上一个又一个新的台阶，取得非凡成就。分会场从1个到66个，展商数量从700多家到2000多家，观众从不到50万到780多万人次……文博会已经成为中国文化产业领域规格最高、规模最大、最具实效和影响力的展会，真正肩负起中华文化承载者、传承者和传播者的历史使命，有力地拉动着中国文化产业的发展，推动中国文化产品走向世界。

文博会上展出的青白瓷瓶

## 深圳国际工业设计大展

依托珠三角良好的制造业基础，深圳工业设计凭借创新、科技、市场及品牌优势，为创新驱动和产业结构升级注入了新动力。

深圳是全国首个联合国教科文组织授予"设计之都"称号的城市，许多工业设计公司诞生于此。至2019年，深圳市拥有各类工业设计机构6000余家，工业设计师及相关从业人员超过10万人，工业设计呈现蓬勃发展的态势。在深圳福田会展中心举行的一年一度的深圳国际工业设计大展，也是行业最大的盛宴。

2019年，深圳国际工业设计大展开幕现场

深圳国际工业设计大展是由深圳市人民政府主办，深圳市工业设计行业协会承办的专业设计展。自2013年举办首届以来，至今已成功举办七届，致力于打造国际化、专业化、多元化、高端化的产业高端交流合作平台，旨在成为引领世界设计的风向标，在推动工业设计成为深圳高质量发展新引擎、促进工业设计成果产业化上发挥了重要的作用。

这是我国首个引入国际消费类电子产品展览会（CES）新品发布会模式的展览，

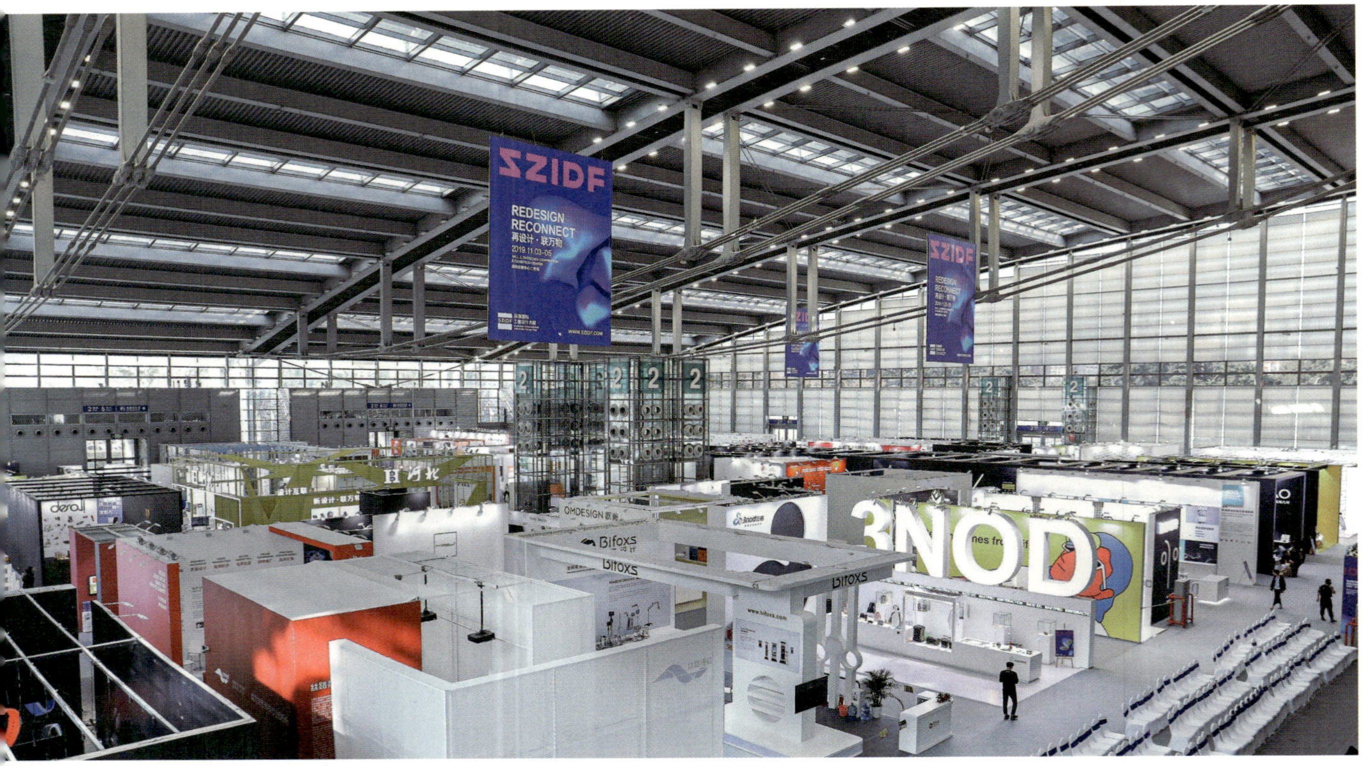
SZIDF
REDESIGN
RECONNECT
再设计·联万物
2019.11.03-05
3NOD
Bifoxs
QMDESIGN

WeNext未来工场
WeNext
WeNext

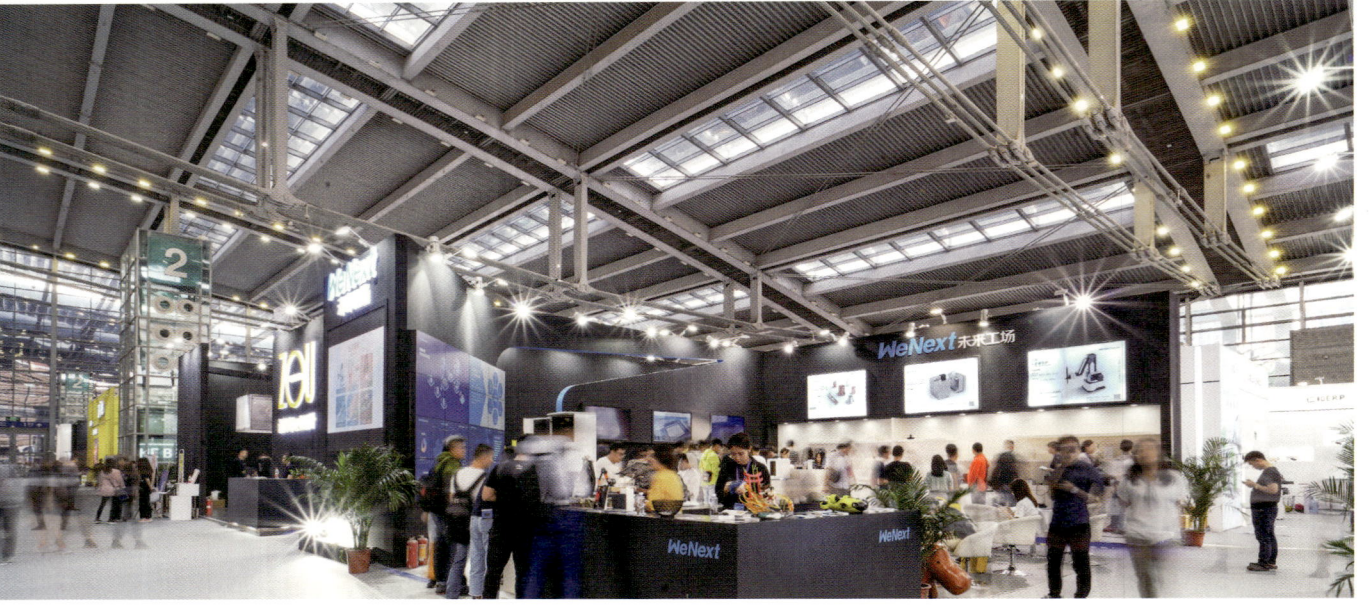

也是我国第一个引入伦敦百分百设计展专家评审机制的设计大展。展览聚集了全球的创新设计，荟萃最具高端化、国际化、品牌化的一流工业设计品牌，涵盖众多全球设计精品。除了设置展览，大展还举办了论坛、新品发布会、产业对接会、"The Great One"大奖赛等系列活动。其中，"The Great One"大奖旨在评选出能够代表世界设计风向标的海内外优秀产品，中国的设计方案、中国模式也通过这个平台进一步传达给世界。在此过程中，新锐设计师力量也进一步凸显，不少新人脱颖而出。深圳国际工业设计大展已经成为培育新锐力量的重要平台。

如今，深圳肩负着建设中国特色社会主义先行示范区的使命，粤港澳大湾区建设蓬勃发展。在此大环境下，2019年10月，以"再设计·联万物"为主题的第七届深圳国际工业设计大展拉开帷幕。此届设计展瞄准工业物联网、5G、人工智能和云计算等趋势，各类型机器人、无人机、人工智能等科技设计产品，让人眼前一亮。大展汇聚来自全球30多个国家和地区共302家创新设计机构参展，国际化程度再创新高。

此次大展延续设计与制造业配对形式，为展商提供产业对接服务，为期3天的展会共举行20多场产业对接会，八成以上参展机构接到意向合作，设计转化率极高。为了增强观众的体验感和参与感，丰富展览活动的趣味性，本届展览特意增设了快闪和打卡，观众在观展的过程中能进一步了解设计的相关知识和设计的价值所在。

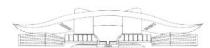

深圳国际工业设计大展聚集了全球的创新设计，荟萃国际一流工业设计品牌，涵盖众多全球设计精品

# 粤港澳大湾区车展

2020年6月28日,为期9天的2020粤港澳大湾区国际汽车博览会暨新能源及智能汽车博览会(简称"粤港澳大湾区车展"),在深圳福田会展中心落幕。此次车展展出新车近1000辆,预定和成交车辆27106辆,为粤港澳大湾区呈现了一场精彩绝伦的汽车文化盛宴。

粤港澳大湾区车展,最早是1991年由中国汽车工业总公司和深圳市人民政府创办的"深圳国际汽车博览会",这是深圳人的第一个车展。1994年,国务院公布第一个《汽车工业产业政策》,国家鼓励个人购买汽车,在深圳率先富裕起来的人,私家车出行逐渐成为他们的选择,至2007年,深圳机动车保有量突破100万辆。汽车市场的繁荣,也带动了车展的发展。2002年,深圳又开始举办"深圳汽车嘉年华暨国际汽车交易会",而深圳国际汽车博览会也在2003年由两年一届改为一年一展。

为了避免分流和资源的重复浪费,2007年,"第十一届深圳国际汽车展览会"和"第六届深圳汽车嘉年华暨国际汽车交易会"正式合并为"第十一届深圳国际汽车展览会暨第六届深圳汽车嘉年华"。翌年,继两大车展合并之后,又与深圳另一大车展"第三届中国(深圳)汽车文化博览会"合并,三展合一,成为"2008深圳国际汽车博览会"。2009年,香港、澳门加入深圳车展,三地车展合一,更名为"2009年深圳-香港-澳门国际汽车博览会"。这是深港澳三地首次联合举办汽车展,有效地促进了"深港澳及9+2大汽车生活圈"的形成。2020年,深港澳车展升级为"粤港澳大湾区车展"。

粤港澳大湾区车展以深圳为中心,汇集了香港、澳门、广州、惠州、珠海、东莞等地的消费力,依托巨大红火的市场,从"三展合一"到"三城联袂",粤港澳大湾区车展独具地缘优势,铸造了无穷的向心力。作为引领中国车市消费的风向标,粤港澳大湾区车展极具前瞻性。在2019年的车展中,中国电动及新能源汽车、人工智能及智能交互

 粤港澳大湾区车展,呈现了一场精彩绝伦的汽车文化盛宴

近两年的车展中,中国电动及新能源汽车、人工智能及智能交互等概念,成为大家讨论的主题

等概念，成为大家讨论的主题。各品牌展出的新能源和智能汽车产品，备受青睐；还率先与深圳联通、深圳广电集团（壹深圳）合作，启用5G网络全程直播车展现场盛况。这也是5G技术首次为大型国际车展提供官方网络支持。

粤港澳大湾区车展还提出先进的车展理念，通过与车展参观群体关联的房地产、金融、奢侈品、娱乐等产业的知名品牌对车展的高度参与，提升展会的多样性、互动性和娱乐性。展会还为参展商带来除常规观众与宣传外的增量目标客户和宣传渠道，使得"汽车文化"与各种知名品牌文化相得益彰，最终形成一条"以汽车文化、汽车消费为中心，并向关联产业辐射"的全新价值链。

近两年的车展中，中国电动及新能源汽车、人工智能及智能交互等概念，成为大家讨论的主题

SHEN ZHEN

**FUTIAN**

# 生态 福田

## 从城市公园到公园城市 247

## 主题公园 283

## 放慢生活节奏，走绿道 295

CHAPTER FOUR

SHEN ZHEN
**FUTIAN**

"采菊东篱下，
悠然见南山。"
从陶渊明的诗句中可以看出，
人类对**田园生活**
充满热爱之情。

**福田**的命名，
也来自一个"田"字。
如今"田"虽已不在，
"园"却满地开花。

福田区分布着**120多座公园**，
就像是一座**城市的心肺**，
源源不断地释放着清新空气
**净化**着城市的每一寸**空间**，

可谓是
"**城在林中，路在绿中，
房在园中，人在景中**"。

## 从城市公园到公园城市

到莲花山赏"莲山春早" 252
中心公园：城市中心的绿化长廊 256
荔枝公园：闹市中的绿洲 260
园博园：你想看的园林这都有 263
笔架山公园：风景独好的山地公园 266
梅林公园：荟萃人文古韵 269
皇岗公园：家门口的公园 272
香蜜公园：深圳最浪漫的公园 274
福田红树林生态公园 278

SECTION I

从香蜜湖往东眺望，福田中心区包围在一片绿色之中

## 到莲花山赏"莲山春早"

在深圳，莲花山公园是一处风景优美、环境清新的休闲胜地。"莲山春早"是深圳八景之一。公园位于福田区北端，南临红荔路，北到莲花路，东起彩田路，西至新洲路，由大小七个山头组成。山头相拥，状如莲花，故得名"莲花山"。莲花山公园在各个方向都有出入口，其中南面的市民中心出入口是主入口，由书城楼顶的长廊连接市民广场。整个公园依莲花山而建，因而形成了"园在山上，山在园中"的景观。

莲花山公园植被丰茂，郁郁葱葱，有大量的热带、亚热带植物，其中不乏珍奇树种。公园内树木四季常绿，鸟语花香，堪称一处天然氧吧。从公园南门进入，是风筝广场，由两片大草坪组成，是市民放风筝的地方。每到周末或者节假日，许多家长带着孩子来到风筝广场放风筝，享受亲子时光；也有一些风筝爱好者带着他的大型风筝和专业

莲花山山顶广场的《邓小平同志》塑像被评为"深圳改革开放十大历史性建筑"之一

的放飞工具来到这里。风和日丽、晴空万里之时,千形百态的风筝在空中迎风飞舞,十分壮观。在莲花山下放风筝,如今已经是深圳的一大人文景观。

莲花山也是登山的好地方,在公园的西北边,开辟了多条登山道,主峰南坡也有两条登山步行道,每一条登山道都可以直达山顶广场。沿着风筝广场北侧的登山道拾级而上,穿行在山中小径之间,既可以享受到登山的乐趣,又不会太过疲惫,走上去全程大概只需要半个小时,相当于进行一次低强度的体育运动,非常轻松。由于海拔不高,氧气充足,上山地势平缓,登莲花山不仅是种运动,同时也是种休闲。

登上山顶之后,是一个广场,广场上有《邓小平同志》塑像,大步向前的姿势颇有气势,寓意着深圳改革开放的步子要迈得更大一些。《邓小平同志》塑像被评为"深圳改革开放十大历史性建筑"之一,很多游客来到这里,就是为了瞻仰这尊铜像并与之合影留念。站在山顶广场,中心城区的美景尽收眼底,让人又回想起"春天的故事"。现在,山顶广场已成为广大市民和中外游人缅怀一代伟人、饱览中心区景色的最好去处。

莲花山东麓的雨林溪谷是一片宁静、宜人的绿色世界。藤蔓植物和气根植物交错形成热带雨林景观，两股溪流从山谷奔腾而下，汇入"漾日湖"。从园道绕湖畔而行，微风习习，绿树、曲桥、蓝天白云倒映在波光粼粼的湖中，"晓风漾日"与"雨林溪谷"相得益彰，野趣横生，是一个赏景纳凉的佳地。此外，还有既可湖边垂钓也可荡舟湖上的莲花湖，颇具热带、亚热带南国风情的椰风林草坪，"千树万树桃花开"的桃花林等等。

公园以绿色、环保、自然、和谐为基调，以端庄、质朴的风格以及独特的地理位置和独特的人文景观吸引着广大市民和游客。

风筝广场是市民休闲放松的佳地

# 中心公园：城市中心的绿化长廊

**深**圳中心公园位于福田区，紧靠华强北商业圈，是闹市中的一片绿色净土。整个公园面积约123.6万平方米，北接笔架山，南至滨河大道，被福华路、深南大道、振华西路及红荔路穿园分为五大片区，呈南北条形分布，福田河从北至南贯穿整个园区。中心公园东西最宽处约800米，曾被称为"800米绿化隔离带"。

中心公园造园崇尚自然、师法自然，以福田河为轴心，河流、湖泊、绿地相融合。以树木和草坪为主，讲究以树造景，树木和草坪合理地搭配在一起，看上去很接近大自然，少有人工斧凿的痕迹。对于喜欢亲近大自然的人来说，在工作了一天之后，这里不失为一个释放压力的好去处。园区内有网球场、篮球场、足球场以及环绕着公园的跑道，是市民们运动的理想场地。福田河从公园内穿过，两岸绿草茵茵，清澈的河水中映照着自行车爱好者和钓鱼爱好者的身影。

园内不仅有各种各样的珍稀树木，凉亭、小径、跑道等各种景观和设施，还有丰富的文化内涵，如D2区的"九七回归"广场的雕塑、靠近笋岗西路的"福田记忆"公园等人文景点，以及象征国际友谊的福田国际友谊墙，这些使中心公园成为展示深圳对外缔结友好城市的场所。

自1999年建成以来，中心公园就是一个全开放式的公园，经过不断改造，使城市和公园融为一体。公园的各大入口处，都建起了景观墙和特色广场，为公园增加了文化厚度。中心公园不仅担负着"城市之肺"的功能，还成为现代都市难得的康体休闲绿地和公园文化交流场所，形成城市中心区域的风景走廊。

上　中心公园内以福田河为轴心，河流、湖泊、绿地相融合
下左　公园北边的景观湖
下中　公园D2区的纪念香港回归的"九七回归"雕塑
下右　公园北边修建的可供市民小憩的亭子

中心公园北边的人工湿地花团锦簇

俯瞰荔枝公园

## 荔枝公园：闹市中的绿洲

深圳荔枝公园位于福田区红岭路，园内植物以荔枝树为主，搭配园林植物，显现出色彩丰富的热带、亚热带岭南风貌。荔枝公园建于1982年，主体是原有589棵老荔枝树的林子，在此基础上，经过布置花木、湖石、建筑、活动场地而组成了如今的样貌。

公园以"雅、幽、静"为造园的主旨，营造出浓郁的岭南风格园林。公园东边的红荔路是福田与罗湖的分界线，马路上车水马龙，对面是琼楼广厦，而公园内却是闹中取静，别有意境，故有"闹市绿洲"之美誉。

园内主体建筑为荔香阁，阁高三层，四周围栏，飞檐翘角，端庄典雅。荔香阁周围环绕着茂密的荔枝林，在荔枝成熟时节，登上阁楼，凭栏放眼，满园的红色荔枝就像一片燃烧的火海。在荔香阁的西北侧，有一条蜜蜂文化长廊，可以参观蜜蜂文化科普知识。荔香阁东南侧的草地上，有一座寓意着荔枝丰收的雕塑：在一片荔枝叶上，一位姑娘举着一筐荔枝，她面前散落着三颗大小不同雕满荔枝的石球。

荔枝公园内的荔香阁

离荔香阁不远处有一个人工湖,叫荔湖。绕湖漫步,时而密林环抱,时而繁花似锦,一步一美景,让人流连忘返。湖边有沙滩、钓鱼区等游玩区域,湖上桥梁纵横,造型各异。高高拱起的浸月桥、平缓的微拱桥、小巧的情侣桥,还有仿汉白玉栏杆的浮在湖面的揽月桥,湖水倒映着小桥,形成了"雅、幽、静"的园林风光。揽月桥上有座古色古香的迎风皎月亭,光是听这名字,想必此处定是赏月佳地。当朗月高挂,月明星稀,湖面开阔平静,有绰绰倒影,天上月与水中影遥相呼应,此情此景不禁让人感叹:湖底月是天上月,眼前人可是心上人?

荔枝公园东南入口处是邓小平画像广场,巨型的邓小平画像是深圳的标志之一,成为海内外游客缅怀这位中国改革开放总设计师的必去地点之一。

近几年来,荔枝公园不断对绿地、景点、设施进行升级、完善。如今,公园环境优雅,亭台楼阁、廊桥水榭分布得体,浓荫蔽天,绿草如茵,景色宜人,闹中取静,是深圳闹市中心的一颗绿色明珠。

荔枝公园内的揽月桥和桥上的迎风皎月亭

## 园博园：你想看的园林这都有

**深**圳园博园位于深南大道竹子林西段、华侨城东侧，全称是"深圳国际园林花卉博览园"，是第五届中国国际园林花卉博览会的会址。博览会结束之后，经过改造与升级，利用原址的自然地貌，营造为依山傍水、自然优美、集园林艺术与中国传统文化于一体的主题公园。

在园博园的最高处，有一座九层八角的仿木构砖塔，这是园博园的标志建筑

在园博园的最高处，有一座九层八角的仿木构砖塔，这是园博园的标志建筑，起名为"福塔"。福塔高52米，登上塔顶，近可俯瞰全园景观，远可将深圳湾尽收眼底。塔的正门有"福山拥翠，田地生辉"对联，每个门两侧镌刻有不同字体的"福"字，充分展示了中国传统"福"文化。

园博园内，有两座现代造型的场馆，分别为综合馆和花卉馆，用于展示各地花卉园艺产品、插花和园林科技。两座建筑均由钢结构和玻璃幕墙组成，晶莹剔透，流光溢彩。

园博园融合了世界各地近百个园林的精华，园林作品中，反映最多的是地方风情：上海的石库门、杭州的雷峰塔、广州的地方八景、河北的柏坡人家、厦门的琴岛、济南的趵突泉、南宁的壮乡歌圩、昆明的石林、惠州的新客家传说、郑州的武之魂等等。展现历史文化和掌故也是园博园的一大特色。"苍苔园"收藏了5个有着千年历史的拴马桩，反映了陕西关中人民生活的艺术追求；"古窑遗韵"展出许多古色古香的陶艺，展示着湖南长沙悠久的制瓷历史；"知乐园"展示知鱼之乐也知人之乐；"蝶（缘）园"刻写了梁山伯与祝英台的爱情故事；"湖北园"描绘了诸葛亮与刘备隆中对典故；"东坡园"记载了苏东坡贬谪惠州的故事；"宝芝林"道出了黄飞鸿爱国故事……还有世界各地的园林风情也荟萃其中，尼泊尔花园、日本庭院、美国休斯敦星球花园、巴基斯坦亭阁、加拿大月亮花园、法国园、保加利亚园、印度花园、肯尼亚花园等等，风情各异。

园区有东南西北四个主要入口，既方便来自四面八方的游客就近出入，又能起到分散人流的作用。园内道路随景就势，贯通了全园的每一角落。漫步园中，从南至北，经四个流线自然的人工湖，可赏画馆楼台、轩榭山石、流水潺潺、诗情画意的境界。

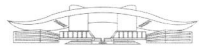

园博园是一个集园林艺术与中国传统文化于一体的主题公园

笔架山公园北门

## 笔架山公园：风景独好的山地公园

笔架山公园东依泥岗路，西望莲花山，位于福田区与罗湖区的交界处。从远处俯瞰，三座主峰东西并立，形似笔架，福田河从峰前穿过，就像一支巨笔搁在笔架上。最为神奇的是，山间还有两个形似砚台的小湖，因此也被称为双砚湖。笔、架、砚，这文房中的三样东西汇聚在一起，极为形象生动地解释了笔架山名字的由来。

笔架山最高海拔178米，公园是一个名副其实的山地公园。整个笔架山公园占地149公顷，境内十几个大大小小的丘陵，占据了80%的面积。俗话说，山秀而林密，笔架山公园内植物资源丰富，植被覆盖率90%以上，植物种类超过400种，野生动物资源也十分丰富，是福田区境内除红树林之外，又一个具有生态特色的公园。

笔架山公园的登山小径。
笔架山公园是一座山地公园,植物资源丰富,植被覆盖率90%以上

自1999年10月开园以来，笔架山公园备受广大市民的厚爱和关注。公园地形富于变化，景致独特，山林茂密，鸟语花香，西南面为开阔的人工园林生态区，山塘湖泊点缀其中，更有福田河从公园穿过。园内有山顶远眺、环山休闲、草地滚球场等重要景点和娱乐场所。游客在公园内可林中信步、廊桥小憩，观赏园内丰富的自然景致，尽情享受远离喧嚣的宁静氛围。或是沿着登山石阶而上，与大自然氧吧来一次亲密接触。攀上峰顶，倚观景平台极目远眺，近处的地王大厦、赛格广场，远处的深圳湾、蛇口和香港的上水及元朗等美景尽收眼底。

笔架山公园内有草坪40多万平方米、人工湖两个、草地滚球场一个，还开发了钓鱼区、健身小径、简易儿童游乐场等服务设施，经常组织举办大型登山比赛、草地滚球友谊赛。园内的"艺术家画廊"经常有书画名家的作品荟萃。笔架山公园每年还会举办迎春花展、大型风车艺术展等一系列文化活动，以丰富市民的休闲生活。

如今的笔架山公园，集娱乐性、文化性、教育性为一体，是深圳一个融现代化高品质设施于自然环境之中的亚热带公园。

笔架山公园北门的石雕，形似砚台

梅林公园古荔区正门

# 梅林公园：荟萃人文古韵

**夏**末，热浪还充斥着福田的每一方土地。如果想出去亲近自然的心还跃跃欲试，梅林公园会是一个不错的选择。

公园由四个相对独立的地块组成：古荔区、彩色梅林区、听涛区和芳香区。其中，位于梅林水库东侧、梅林一村北面的古荔区是公园的核心景区，占地面积27公顷。古荔区保留了原有的近千株古荔枝树，大部分都有百年以上的树龄，是深圳难得的自然景观。古树参天，郁郁葱葱，深褐色的树干撑起一把把硕大的绿伞，厚实的叶子遮盖了洒落下来的阳光。抬头，繁密的绿叶与上方湛蓝的天空相映成趣。置身其中，不由得想起林语堂曾写道：大自然本身就是一所疗养院，会教你轻松一点，平静一点。

沿着林荫道漫步其中，一幅幅自然景观图在眼前缓缓展开。山路两旁高大挺拔的藤蔓交错丛生，有如舞姿婀娜的少女，亦有如历经沧桑的老者。不远处，浓密的绿叶丛中那一只只红如烈火的"小鸟"格外引人注目，原来是形状似鸟的蝎尾蕉，又叫火鸟蕉。眼之所及多为红色、橙黄色，传递着热情、友善、好客之意，因其不耐暴晒和干旱，四周被高大植物荫蔽。

植物品种繁多，错落有致，新旧交织，这番设计并非偶然。梅林公园筹建之初，规划者便提出了"回归自然，健康为本"的设计理念。如今我们可以看到，全园以植物造景为主，许多原有的植被得以保留。为了保护和营造植物多样性，又搭配上其它园林植物，才有了眼前这生机盎然之景。

再往上走便是"三圣宫"。传说300多年前的一个清晨，一位刚刚迁到梅林的郑氏先人扛着农具正准备下地干活，偶遇路边三位颇有仙气的老者在下棋。他上前去看，老者突然消失，只有棋板上留下了深深的三个字"邹、黎、石"。村民回村后讲起这番奇

梅林公园古荔区，保留了近千株古荔枝树

遇，大家一致认为是神仙显灵在保佑族人，于是决定供奉"三圣"。随着郑氏子孙开枝散叶，这里的香火也越来越旺。如今除了供奉主神"三圣"外，还添了观音菩萨和财神，相续的香火间隐含着下梅林人民对美好生活的企盼。300多年来，"三圣宫"遭遇多次损坏，如今所见的为1995年重建，它是一处难得的人文景观，更是历史的见证者。

"三圣宫"前有一方水塘，塘边树木高低不齐，碧水上落叶飘零。沿着转角处的石阶往下，能听到细微的水声，凑近一看，"谷底溪流"在一旁缓缓而下，清澈的水流掩蔽在两旁茂盛的植物丛中。耐心往下走，才能清晰地看见潺潺流水自山石间流过，绿藤生长，落叶沉浮，野趣丛生。此外，东大门"荔枝飘香"景观墙、"二十四孝"长廊也是别有生趣的景观。

梅林公园除了满足市民观赏的需求，更着力给市民提供广阔的活动空间和多样化的户外运动场地。基于此，规划者依据山体的自然地形修建了荔林活动区、健身公园、四季公园、儿童广场，配备小卖部、公共洗手间等功能区。步移景异，古老的韵味与现代生活的便捷融为一体。

漫步其中，每走一步，都让人忍不住贪婪地呼吸，仿佛每一口清新的空气都能流进身体，带来无限的生命养分。夕阳西下，带不走漫天的红霞，但那石阶旁潺潺的流水、林间的鸟鸣，那被水流淌过、努力汲取每一滴水珠生长的绿草，都存留心上。

梅林公园内的二十四节气雕塑

皇岗公园东门的墙上嵌着的公园名

## 皇岗公园：家门口的公园

尽管已经8月末，深圳却没有一点入秋的苗头，四处都是蒸腾的热浪，抬头是刺眼的阳光。在这样骄阳似火的夏天，皇岗公园无疑给人提供了一个乘凉避暑的好去处，更难能可贵的是，这里也能满足市民登高望远、强身健体的需求。

皇岗公园位于福田中心区南北中轴线的南端，南临福强路，西临益田路，占地面积为17.3公顷。在这样寸土寸金的地方建设一座如此大型的公园，不得不说是一件奢侈的事情。由于毗邻福田区政府与众多大型住宅区，公园每日人流量近万人次。

1997年，公园部分园区建成并向市民开放。如今从东门而入，部分墙体已经开始斑驳。移步进入，大片茂密的树林迫不及待地排进视野中：大叶紫薇、小叶紫薇、小叶榄仁、海枣、鸡冠刺桐等等。每逢金秋十月，园里的异木棉会成片绽放。绿树成荫、植物茂密是皇岗公园的一大特色，身处其中，每一丝空气都格外清新，风一吹过，树叶窸窣。

皇岗公园属丘陵山地，主要由山林和草坪结合而成，保留了山体的园林原貌，在此基础上，建设了西门休闲广场景区、东门文体活动景区、北门疏林草地景区、西南健身广场、山林观赏景区以及南门景区和弈园，形成集观景、娱乐、休闲、健身为一体的城市绿洲。

循着工工整整的石阶路，很快便进入犹如风景长廊的登山道。山路两旁绿树高大挺拔、苍翠欲滴，空气中的青青草木香四处微荡。凉风习习，不时还能听见清脆的鸟鸣。徒步的背包客、跑步的外国人、嬉戏的亲子，不管是独自前往还是结伴同行，都能在皇岗公园找到乐趣。

沿着登山道可到达山顶，山上的皇岗亭、积翠亭和锦绣亭可供游人小憩。皇岗亭上写有对联：大寿无疆养性修身天地间，登高有路蜿蜒健步皇岗山。其想要传达给市民修身养性、强身健体的生活理念可见一斑。顺着林荫道一直走，便能到达弈园景区，这是皇岗公园的点睛之笔。任凭周围锻炼身体的年轻人谈话声四起，玩耍的小孩嬉笑打闹，下棋的老人还是专心致志，仿佛那个时刻世界只剩下眼前的棋盘。

傍晚时分，夕阳的余晖穿过古代文化传说亭廊，将亭廊照得通亮，无形间将路人牵引至此。途中恰逢大雨，打落了满地落叶。待到太阳从云层后露出，再次拾级而上。空山新雨后，碧空如洗，叶子如同被打磨过般绿得油亮，阳光懒懒地洒在大叶紫薇树上，深棕色的荔枝树干显得尤为遒劲粗壮，路上的行人笑逐颜开。

公园内植物茂盛，苍翠欲滴，沿着长石阶，可进入犹如风景长廊的登山道

## 香蜜公园：深圳最浪漫的公园

**8**月，凤凰花已经过了成片成片绽放的季节，只有零星几朵还远远地隐藏在浓密的绿叶中。与之形成强烈对比的是"香蜜公园"的红色牌子。这片浓烈的红，让人一靠近就感受到它似火的热情。

香蜜公园实现了生态技术与环境艺术的完美结合。整座公园以"编织城市文化"为设计理念，通过休闲步道、生态水系和空中栈道等纽带连接多重元素，造就了一座集生态、艺术、人文、生活于一体的综合性公园。

玫瑰花园是香蜜公园的一大特色。玫瑰集爱与美于一身，月季被誉为"花中皇后"，四季常开，花香悠远。以这两种同属植物为主，搭配其它蔷薇科花卉以及簕杜鹃、茶梅等，绘成一幅3000平方米的多彩画卷。地面的玫瑰图标和玫瑰花形的路灯，更突出其精、细、美的特点。每年的春夏之交，这里便开始一场鲜花的盛宴。鲜红色、粉红色、黄色、淡紫色……远远望去花海一片，色彩斑斓。穿行其间，幽幽花香萦绕四周。

顺着小道往前，便是被誉为"福田最美婚姻登记处"的登记中心，有中、西两座婚姻殿堂。中式礼堂的红色基调给人以喜庆之感，整座建筑是传统的对称结构，圆洞门象征着圆满。透明的屋顶将光影的变化延至其中，两面墙上的红色花瓣如同将美好的祝愿洒满了整个空间。西式建筑以白色为主，一面直接与湖面相连。恋人在此相拥，仿佛世界只属于彼此，宁静美好。值得一提的是，设计师为了给新人更多的时间，特意将结婚的路线设计得比离婚的路线长，其用心可见一斑。

殿堂前的湖为花香湖，与花蜜湖隔桥相望。湖畔繁花似锦，高低起落的石头让水流形成各色"小瀑布"，湖中喷泉冲天而起，与背后的平安大厦遥相呼应。湖面白鹭嬉戏，水波微漾；湖边绿草茵茵，鸟语花香。

迂回蜿蜒的空中栈道是香蜜公园的另一特色。中部栈道由木板铺就，穿行其中可观赏园中十多万平方米的荔枝林。驻足其上，清新的空气扑面而来，惬意无比。举目，城市的风光尽收眼底；低头，公园内的石间溪流和生态旱溪趣味盎然。生态旱溪是利用公

香蜜公园西边的入口

香蜜公园是福田区民政局婚姻登记处所在地

园内原有冲沟设置而成，降雨期间可滞水蓄水，枯水期则以景石、卵石和各种植物等构成旱溪形态。或溪水潺潺，或石块裸露，植物繁茂，花香浓郁，蜂蝶自来，宛如一个小型生物园。极目远眺，"衣着鲜艳"的水塔高高耸起，丰富的涂鸦给这座公园平添了一抹生机。栈道的高度随着脚步移动不经意地升高，最高处达8.8米。栈道连接福田区图书馆分馆，场馆建筑以钢筋和玻璃幕墙构成，四周绿树环绕，置身其中宛如于林中阅读。

除了美妙的自然景观，香蜜公园还开设了香蜜体育中心，包含三个足球场、六个篮球场和七个网球场，市民可以在此尽情地挥洒汗水。公园内还专门设置了自由健身

道和慢跑道，时常能看见运动爱好者从身旁经过。此外，以"小蝴蝶""糖果""石溪""小荔枝"为主题的四大儿童乐园也引来不少孩子，每逢周末，这里便成了他们的天堂。

休闲步道的棕色长椅上，一位大叔摊开书本，缕缕微风吹乱了他两鬓的银发；情侣躺在湖边的茵茵草地中央，任阳光洒在脸上；孩子在画板上渲染，眼前的碧水蓝天给了他们无尽的想象。四处荡漾着花香和甜蜜的生活气息，这里的每一张脸庞都写满惬意和舒适。

香蜜公园内的花蜜湖

## 福田红树林生态公园

红树，深圳两大市树之一，是这座城市湿地生态环保成效的见证与标志。福田有我国现存为数不多的红树林，这片珍贵的植物活化石与香港隔海相对，在茫茫海水中绽放着经久不衰的生机与活力。对于深圳这座城市来说，这种在海水中顽强生长的古老树种，代表着开拓进取、坚强刚毅，就像经济特区最早的拓荒者。

福田红树林生态公园的前身为新洲村、沙嘴村的码头以及种植区，20世纪80年代之前还有渔船在此往返香港、深圳，承担香港与内地之间的海路交通。2013年，福田区修建了红树林生态公园。它位于福田区广深高速公路以南，东临新洲河，南面为深圳湾，西部与福田国家级自然保护区紧密相连，与香港米埔红树林自然保护区一水相隔，最近距离仅300米，占地面积约为38公顷。

红树林生态公园以亚热带海湾红树林湿地为主要风景特征，集"科普教育、海滨文化、自然景观、休闲游览"多种功能为一体。保护区内动植物资源丰富，有红树植物9

科16种，鸟类194种，其中23种为珍稀濒危物种。每年有10万只以上长途迁徙的候鸟在深圳湾停歇，是东半球国际候鸟通道上重要的"中转站""停歇站"和"加油站"，也是国际上生物多样性和湿地生态保护的重要对象。在生态公园的入口处建有科普展馆，里面有大量关于生态公园人文、沙嘴村历史文化的资料和珍贵的展品，展示红树林湿地渔业生产原貌。同时，红树林基金会也根据展馆特色、时令节气、深圳湾生态特点等要素，开设了面向不同人群的导览课程。

在设计上，红树林生态公园既保留了中国古典园林的精致与典雅，又充分体现了现代化的设计理念。访客中心、文化廊架、观鸟屋、双贝亭等主要建筑，外观上既加入了生态元素，又充分体现了湿地文化的内涵，实现了公园与湿地的完美结合。正因如此，这块地处福田的自然保护区才以总分第一的优异成绩入选"广东十大最美湿地"。

福田有我国现存为数不多的红树林，这片珍贵的植物活化石与香港隔海相对

白鹭

黑脸琵鹭

红树林自然保护区内动植物资源丰富，入选"广东十大最美湿地"

SHEN ZHEN
FUTIAN

《深圳人的一天》
雕塑公园，凝固了**17位**
不同层面的普通人的一天，
成为一个时代的记忆；

随着全民健身潮的来临，
集**文化、体育、休闲**活动等
为一体的**福田体育公园**
与市民的关系越来越密切；

**法治公园**让居民感受到
浓厚的法治文化氛围，
起到了很好的
法治宣扬作用……

主题公园，
让市民在**休闲娱乐**的同时，
又能了解到不同的专业知识，
润物细无声，
**提升**了游客的专业**素养**。

## 主题公园

福田记忆公园 284
《深圳人的一天》雕塑公园 289
福田体育公园 290
景田法治公园 292

SECTION II

# 福田记忆公园

"福田一域，初为百越之地，今繁华都市神奇崛起，民俗风情益见式微，冀根脉永续，免后世之憾，今辟此一园，集历代风物，恪深情纪念。"寥寥数语，铭刻在福田记忆公园的文化墙上，道出了建设福田记忆公园的初衷。

福田记忆公园位于笔架山公园以南，笋岗西路与皇岗路交会处的东南边。步入公园，恍如走入喧闹的城中村。印在墙面上高度仿真的旧式民居、店铺、清水墙，风车、牛车、桌椅、动物、渔农具等各种雕塑，还原了旧时福田的乡村风貌：旧的瓦房前晒着一排排的腊鱼干，是为过年准备的存货；各式农具随意摆放在门口，仿佛随时等着主人带上它下田劳作；还有觅食的鸡、趴着的狗、拉车的牛……这些总能唤起人们的村落记忆。

福田的记忆，也是从一系列星罗棋布的"村"开始的。错落有致的"村落"就镌刻在福田记忆公园的文化墙上——上沙村、下沙村、皇岗村、渔农村、沙尾村、水围村、上梅林村、下梅林村、石厦村、新洲村、福田村、沙嘴村、田面村、上步村、岗厦村，十五个村落由南向北、自东往西以八卦形排开，构成了福田区的"全家福"。这些渗透着渔耕气息的村落，在城市化的浪潮中蜷缩一角，只有在公交车报站时才能偶尔听到它们的名字。但它们也曾是福田的地标，见证着福田如何一步步发展成繁华的国际化城区。

福田记忆公园的文化墙和雕塑定格了深圳以往的村落面貌

这里还有20世纪80年代末的"五金杂货经销店"、名噪一时的"潮味客家汤粉王"。"春节"期间店铺纷纷收市,贴出了"回家过年,新年快乐"的温情告示……种种呈现城中村昔日面貌的信息,犹如一部怀旧电影,唤醒了老福田人的集体记忆,也让新福田人对这块土地的历史有了一个大概的了解,告诉人们福田的历史是从"村庄"开始的。

在记忆公园旁边有一面"福田国际友谊墙",建筑者以一个个"豆腐块"的形式,将十二位来自世界各地、荣获"福田国际友谊奖"的专家、学者的介绍,言简意赅地呈现在墙体上。碑座后方,鸾凤造型的"国际友谊奖"标识图案,似乎是"筑巢引凤"这一引才计划的隐喻。碑座前方则有大量的留白,那是为深圳未来的外籍贡献者留下的位置。小小的"纪念墙"建构了新的"国际观",它将为深圳人探究福田国际史留下一个历史符号。

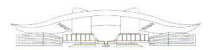

左　20世纪80年代末的五金杂货店、汤粉店、烧烤店等,呈现了福田城中村昔日面貌
右　福田记忆公园旁的"福田国际友谊墙"

1999年11月29日
深圳人的一天
平凡的日子，普通的人
石头的历史
城市的故事……

# 《深圳人的一天》雕塑公园

1999年11月29日,这一天对深圳来说是平凡的一天,同时又是历史性的一天。这一天的深圳并没有发生重大事件,但是却以雕塑、雕刻的形式定格,以凝固生活中的普通时刻,记录着这座城市的历史。这组群雕作品的名字就叫《深圳人的一天》。

《深圳人的一天》雕塑公园位于园岭社区,与荔枝公园隔路相望,由深圳市规划国土局委托加拿大威杨建筑与规划设计顾问有限公司设计与监理,深圳市雕塑院负责造型、实施。公园中的17个人物铜像,是创作团队于1999年11月29日在深圳的大街小巷中随机选择了不同层面的普通人,翻制雕刻成的青铜塑像。这些人包括了医生、公司职员、外来求职者、打工妹、中学生、退休老人、儿童、外国人、咨客(服务员)、工程承包人、股民、保险业务员、休闲女人、公务员、港商、清洁工人、设计师等。创作团队从1998年5月开始规划,至2000年5月制作完成,历时两年。

走近《深圳人的一天》雕塑群像,可以看到这些雕像与真人几乎等高等大,扶着自行车的中学生、打太极拳的老人、坐在电脑前的公司职员、忙着打电话的港商、遛狗的女人、扫地的清洁工……他们形态各异,栩栩如生。每个铜像旁边都嵌着一个牌子,上面记录着每个人物真实的个人信息。

雕像的背景墙是黑色的光面花岗岩浮雕,斜竖的浮雕主墙上刻有几行大字:"1999年11月29日/深圳人的一天/平凡的日子,普通的人/石头的历史/城市的故事……"旁边浮雕墙上的内容是关于那一天的生活信息,如《深圳晚报》的版面、当天的电视节目表、天气预报、甲A风云录、外汇牌价、菜市价格行情等等。平凡的日子和普通的人物,成为凝固的历史,留在了这座城市的记忆中。

20多年过去了,深圳早已发生了翻天覆地的变化,到深圳的人来了一批,又走了一批,但这群雕像始终在那里,那一天的历史也始终凝固在那里,成为一个时代的记忆,成为这座城市共同的记忆。

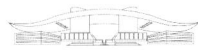《深圳人的一天》雕塑公园内的人物雕塑

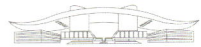福田体育公园，位于滨海大道与沙嘴路交会处

## 福田体育公园

福田体育公园位于滨海大道与沙嘴路交会处，南靠碧波万顷的深圳湾及红树林公园，北边是高尔夫球场。体育公园占地6.3万平方米，总建筑面积10余万平方米，是一个集文化、体育、休闲活动及培训等为一体的公益性体育场馆。

体育公园设计巧妙，一改体育场馆"钢筋混凝土"的僵硬形象，侧重于景观建设，合理利用空间，将自然风光融入建筑之中。所有的建筑物屋顶都被设计成了花圃，花圃中树木成荫，花草芬芳，既为建筑增添阴凉，又丰富了建筑的色彩。每到花季，屋顶百花盛开，群芳争艳，蔚为壮观，远看上去，就像一个飘浮在空中的花园。

体育公园旁边的体育文化步行街吸纳了一批国际、国内知名的体育品牌入驻，各种各样的体育用品在这里都可以买到。步行街上还有一个以奥林匹克运动的发展史为主题的展览馆，馆内陈列着与奥运会相关的资料和物件，市民在参观的同时也可以了解奥运精神在全世界的发展和影响。

体育公园包括体育馆、体育场、室内恒温游泳馆及综合楼四大主体建筑。主体建筑是福田的地标建筑，造型极具现代感。体育馆是福田体育公园的三大场馆之一，建筑面积6600平方米，馆内有11个标准双打木地板羽毛球场，看台固定座位2300个，最多可容纳3000名观众。体育场有400米标准塑胶跑道、标准人工草足球场1片，场地面积15000平方米，固定座位约5000个。室内恒温游泳馆有50米标准恒温游泳池、10泳道，适合举办各类型游泳比赛、企业运动会等活动。热身馆有8片标准双打木地板羽毛球场、10片标准乒乓球场，场地面积2000平方米。该馆于2011年大运会前完成了整体翻修，是体育公园内最新的场馆。

随着全民健身潮的来临，福田体育公园与市民的关系越来越密切。馆内的许多项目已经免费开放，体育公园成为市民休闲与运动时最喜欢去的地方。

福田体育公园是一个集文化、体育、休闲活动、培训等为一体的公益性体育场馆

# 景田法治公园

景田法治公园位于景田社区，是福田区乃至深圳市首个以法治文化为主题的社区公园。2014年，作为重点民生实事之一，福田区政府对景田社区公园进行园林升级改造，同时纳入法治文化元素，将其打造成法治文化主题公园，于同年10月25日正式开放。

漫步于法治公园中，可以看到在小径旁立有白色灯箱，上面用黑字书写法治标语，如"法立于上则俗成于下""自由就是做法律许可范围内的事情的权利""奉法者强则国强，奉法者弱则国弱"等等。12个灯箱与刻有"法""正""义""与法同行"等法治文化的10块石雕分散在公园各处，在宣扬法治文化的同时又与公园景观融为一体。

法治公园的西北角设置了三块大石碑，上面刻录了深圳法治的发展历程。从20世纪80年代的起步阶段，到90年代的探索阶段，再到步入新世纪的发展阶段，深圳的法治发展逐渐完善，取得越来越大的成果。旁边的法治文化走廊，展示了深圳"敢为天下先——站在法治最前沿"。

公园占地约5800平方米，面积虽不大，但绿树成荫，曲径通幽，还设有健身娱乐设施以及儿童娱乐设施，深受附近社区居民的青睐。分散各处的法治元素，让居民在休闲娱乐的同时又能感受到浓厚的法治文化氛围，起到了法治宣扬作用，提升了公园的品位和内涵。

景田法治公园，是深圳市首个以法治文化为主题的社区公园

SHEN ZHEN
FUTIAN

**深圳有2000多公里绿道**
蜿蜒于城市中，

就像一支支画笔，
绘出了
这座城市**鲜绿的颜色**，
带来清新的空气。

作为深圳的中心地带，
**福田**通过一条条绿道，
展示出
一幅**健康绿色的图案**。
这图案把**低碳环保、**
**闲适纯真**的生活态度
带给深圳人，

在不知不觉间改变着
人们的生活方式和价值追求，
**提升**了
人们的**生活质量**。

# SECTION III

## 放慢生活节奏，走绿道

福荣都市绿道 296
福田河绿道 299
梅林绿道：带你重走"二线关" 301

## 福荣都市绿道

福荣都市绿道位于福田区,东起新洲南,西接红树林,位于京港澳高速公路旁,总长度5.78公里,总面积20.05万平方米。这里原本是京港澳高速的隔音林带,树木林立,但杂草丛生、污水横流,常有蛇、鼠出没。2011年7月,福荣都市绿道作为福田重大民生工程完成改造,一个环境优雅、设计别致,涵盖生态、休闲、运动、文化等八大功能区的都市绿色休闲大走廊呈现在市民眼前。

2012年,福荣都市绿道荣获"第二届国际景观规划设计大会金奖"。绿道贯穿翠湾、沙尾、沙嘴、金地、上沙、下沙、金碧等7个社区,惠及沿线居民25万多人。该绿道为体育健身型绿道,是福田区绿道建设、迎大运绿化提升的一项惠民工程,绿道上建有羽毛球场、篮球场、门球场、太极广场、慢跑径等健身场所。

福荣都市绿道两旁绿树成荫

福荣都市绿道两边是高大的树木，浓密的绿荫覆盖了整个路面上空，即使是在炎热的夏季，绿道上也是凉风习习。走进福荣都市绿道就如同走进一个天然氧吧，所有的休闲活动都在高大树木撑起的绿色空间里进行。这条绿道既是休闲锻炼的场所，也是交流学习的场所。在这里，你可以找各种各样的人交流锻炼心得，可以寻找球友和跑友，可以参加各种健身俱乐部，还可以带着家人，开展一些家庭互动式的体育活动，既锻炼了身体，又培养了家庭成员之间的感情，可谓一举多得。

福荣都市绿道最宝贵的资源是两边的大树，这些大树像一把把撑开的巨伞，将绿道一年四季都笼罩在浓密的绿荫之中。绿道上的休闲设施，则为人们户外活动提供了便利。这两者结合在一起，让福荣都市绿道成为一条让人身心愉悦的绿道。

福荣都市绿道设有慢跑道和慢走道

# 福田河绿道

城市因水而兴，也因水而美。福田河为深圳河支流，南北纵贯福田中心区，在改革开放初期，由于城市不断进行工程建设，这条河流曾经变了颜色。随着精神文明建设的日益提速，人们意识到了河流对于城市的重要性，于是开始了福田河改造工程。经过改造之后的福田河，重新回到了它最初清澈的模样。

作为深圳河支流的福田河，南北纵贯福田中心区

如今，这条福田区的母亲河水流清澈，鱼虾成群，沿河两岸草木繁盛。福田河绿道沿河而设，全长约6公里，北起笔架山北环路，南至滨河路，属于滨水型社区绿道。作为福田社区级绿道系统的重要组成部分，这条绿道连接起中心区两大公园——笔架山公园与中心公园，沿线波光涟漪，草木茂葱，鸟语花香，是城市中心区重要的景观走廊。

沿河而行，福田河绿道上桥梁众多，风格各异，配上潺潺清流，给整条绿道营造出一种小桥流水的意境，让人忘记自己身处闹市之中，得以尽情地享受这份宁静的雅致。绿道两边树木茂盛，鲜花遍地，植物的芬芳和河中水草的气息，构成了大自然最本真的味道。生意盎然的热带植物吸收二氧化碳释放清新的氧气，使福田河绿道成为天然的氧吧，是跑步和骑行的绝佳之地。除此之外，福田河绿道还是一处绝好的观景带，站在绿道的起点笔架山上，可以俯瞰深圳繁华的都市市容。

福田河绿道成为周边市民散步、骑行的绝佳之地

梅林绿道沿梅林水库依塘朗山森林公园而建

# 梅林绿道：带你重走"二线关"

梅林绿道位于梅林街道，东起梅林坳驿站，西至福田南山交界处的涂鸦墙。梅林绿道沿梅林水库依塘朗山森林公园而建，基本与原来的"二线关"边防线重合。"二线关"巡逻路作为深圳历史发展的见证，修建绿道时有意保留了其具有历史年份的青石板路和侧面的边防铁丝网。

沿着青石板路，越往深处走，城市的喧嚣声越小，耳边是虫鸣鸟叫声，偶有小股细流从山崖流下，伴随着细小的哗啦声，像一首舒缓的协奏曲。触目可及是满眼的青翠，中间夹杂着各种颜色的花，粉红的簕杜鹃、金黄色的黄蝉、火红的扶桑……真是一路繁花相伴。

除了美不胜收的自然风光外，还有环保驿站、风光互补发电路灯、旧轮胎和枕木做成的指示牌等配套设施。绿道的驿站都是用集装箱改装而成，大大降低了建设成本，而且不用大兴土木，不会破坏生态与环境。梅林绿道最引人注目的地方在福田和南山分界处，那里有一片色彩斑斓的涂鸦墙，上面除了一些反映深圳市容市貌的涂鸦外，还有不少是宣传环保的题材，为绿道增添了浓浓的人文气息，也为行走增添了乐趣。

这里离市区近，却又隔绝城市的喧嚣，有山有水、有花有草，极适合踏春赏花、夏季纳凉、秋季徒步、冬季赏翠。如今，梅林绿道已经成为梅林片区30万市民的森林长廊，也是中心区里程最长、生态最优的市民户外休闲带。

深圳市花簕杜鹃

SHEN ZHEN
**FUTIAN**

# 幸福 福田

## 福田交通，兑现一场说走就走的旅行 307

## 福田美食圈，一圈又一圈 321

## 福田酒吧之最 335

## 无商圈，不 Shopping 341

CHAPTER FIVE

SHEN ZHEN
FUTIAN

**福田**是
深圳的**交通枢纽**，
三条深圳主干道横贯全区，
与**十多座大型立交桥**相连，
组成立体交通网络。

地铁四通八达，
深圳现已开通的
地铁线中，
有**9条经过福田**。
从福田搭乘机场快线——
地铁11号线，
到机场只需29分钟。

仅福田地区
就有**福田口岸、皇岗口岸、**
高铁14分钟直达
香港西九龙的**福田高铁站**等
三个**对外通关关口**。

# SECTION I

## 福田交通，
## 兑现一场说走就走的旅行

福田站：亚洲最大的地下火车站 *310*
车公庙站：四线交会的交通枢纽 *312*
华强北立体街道 *314*
交通综合枢纽换乘中心 *316*
福田口岸 *318*

# 这里是福田

## 地理中心 / 交通中心

## 地面交通

**东西主干道：**
北环大道、深南大道、滨河大道。

**南北主干道：**
香蜜湖路、新洲路、彩田路、皇岗路、华富路、华强路、上步路、红岭路。东西南北组成"田"字形交通网络。京港澳高速、梅观高速的起点。

## 地下交通

截至2020年10月，深圳已开通11条地铁线，有9条经过福田。福田站是目前**亚洲最大**的地下火车站，也是**国内首座城市中心地下高铁站**。
深圳机场快线——地铁11号线，从福田到深圳宝安国际机场**只需29分钟**。

## 通关交通

有以旅客通行为主的福田口岸。
正在升级改造的皇岗口岸，将打造为**超级口岸和综合交通枢纽**。
福田高铁站，**14分钟可达香港西九龙**。
福田保税区巴士可直通香港科技园。

# 福田站：亚洲最大的地下火车站

2015年12月30日，一辆列车从福田站缓缓驶出。工作人员有条不紊地维持秩序，乘客候车、上车，交织成一幅井然有序的画面，定格在这一刻。对福田来说，这是具有纪念意义的一刻，意味着这座亚洲最大、全球第二大的地下火车站正式投入运营。

福田站位于深南大道与益田路交叉口处，作为国内首座位于城市中心区的全地下高铁站，它是一个集高铁、地铁、城市轨道交通、公交以及出租车等多种交通设施于一体的立体式换乘综合交通枢纽。

福田站总长1120米，宽80米，宽阔的空间可以供3000人同时候车。车站分三层：地下一层是高铁和地铁换乘层；地下二层是高铁候车层；地下三层是高铁站台层，共设8线4站台。四座岛式站台总建筑面积为14.7万平方米，全站共设有36个出入口。福田站建成使用后，从福田中心区到香港西九龙仅需14分钟，到广州南站约需34分钟，不仅方便了广州、深圳、香港三地市民的往来，而且将进一步加强深圳的城市竞争力，有利于珠三角区域经济的快速发展，更主要的是将深圳、香港的城市轨道交通连成一片。

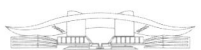

上　2015年底，福田高铁站正式投入运营
中　福田高铁站地下一层是高铁和地铁换乘层
上　福田站总长1120米，宽80米，宽阔的空间可以供3000人同时候车

车公庙站是深圳的1、7、9、11号地铁线交会的交通枢纽

# 车公庙站：四线交会的交通枢纽

车公庙位于深圳市福田中心区，东临深圳高尔夫俱乐部，西望红树林，南倚滨河大道，北靠深南大道、香蜜湖，周围商圈聚集，是福田重要的交通枢纽。2004年12月28日，深圳地铁1号线通车试运营，途经车公庙站。2016年，随着11号线、7号线和9号线相继开通，车公庙站成为深圳市首个四条地铁线交会的交通枢纽。

车公庙站为地下车站，东西方向的地下一层为换乘大厅，地下二层是1号线、11号线的乘车月台；南北方向，地下一层为换乘大厅，地下二层为7号线和9号线换乘大厅，地下三层是7号线、9号线的乘车月台。车站地面共设有12个出入口，日均客流量13余万人次，车公庙站是深圳地铁全线网最繁忙的站点之一。

车站内的设计装饰简洁，墙壁和立柱以灰色为主色调。站内面积庞大、结构复杂，换乘客流与进出站客流交织。简洁的装修更突出地铁站的功能性，不同颜色的灯带导向标志、服务设施更加醒目。乘客走进车站能够更快速、便捷、准确地获取自己需要的服务信息。车站内还设有洗手间、母婴室、自助值机设备、自助银行等设施，为乘客出行提供便利。

设计简洁，并非全无装饰。在车公庙站的换乘大厅，墙上设置了壁画展示"车公"的历史传说。相传车公是南宋末年的一名勇将，为江西南昌五福人，因平定江南之乱有功，被封为大元帅。蒙古军进犯，宋皇室南下避难，车公一直护驾到今深圳一带，在途中不幸病逝。乡民感念其忠贞英勇，便为他立庙供奉，车公庙的地名由此而来。车公庙站内除了壁画之外还设有俑人盔甲、风车、令旗等艺术摆件，为简洁的车站营造了文化氛围。

车公庙站换乘大厅墙上的壁画展示了古代农耕与科技

# 华强北立体街道

2012年10月23日,深圳市轨道交通建设三期工程中的地铁7号线举行开工仪式。地铁7号线纵贯华强北路至华强南路,在华强北片区设立华新、华强北和华强南三个站点。

由于华强北片区是在工业厂房的基础上发展起来的,早期并没有进行地下空间规划,于是形成了人车混合、道路拥挤的现象,片区商业空间拓展也受到极大限制。趁着7号线开工,华强北路立体街道地下商业空间开发项目也与7号线华强北片区工程同步建设。华强北路段地铁站设计在征求该片区商家意见的基础上进行了优化,共设三个地铁站。同时,地面附属建筑将尽量远离两侧商户,增加地面人行空

深南大道华强北路段，地下是商城和地铁站

间和商铺距离，尽量将地铁风亭放在中央绿化带上。根据该片区的大型商场提出的建议，地下商业空间、地铁出入口与大型商业大厦地下商场和地铁1、2号线的进出口连成一体，形成互联的地下商业网。

华强北立体街道完工后，形成地上一层、地下三层的立体街道，街道景观进一步提升，与深圳会展中心、购物公园地下商城有异曲同工之妙。地上为商业步行街，地下一层为商业区，地下二层为地铁1、2号线，地下三层为地铁7号线。此外，今后还考虑在该片区建设空中连廊等，地下商业街与地铁及空中连廊一起，形成名副其实的立体街道。

# 交通综合枢纽换乘中心

深圳市福田交通综合枢纽换乘中心位于地铁1号线竹子林站南侧，紧靠地铁出入口，东接京港澳高速福田收费站进出口，南连滨海大道，也是福田汽车站所在之处。

该枢纽换乘中心占地面积7.86万平方米，建筑面积13.7万平方米，总投资6.98亿元。工程于2005年1月28日开工建设，2007年12月28日投入试运营。总层数6层（地下2层，地上4层）。地下二层为停车场，地下一层为公交与地铁换乘区，首层主要为公交车辆发车区，二层、三层主要为长途班车发车区，四层为辅助功能区。总体设计日均旅客通过能力为35万人次，长途旅客发送量最高可达10万人次，对解决城市带状结构产生

福田交通综合枢纽换乘中心，位于竹子林、深南大道南侧

的长距离公交问题、缓解公交营运压力及路面交通压力有重要作用。

福田交通综合枢纽换乘中心是深圳市第一个具备"车港"功能的综合交通枢纽，是国内最大"立体式"交通综合换乘站，集长途客运、公交、地铁、出租车及社会车辆于一体，并与地铁竹子林站无缝接驳。

该中心具有中转与换乘功能、多式联运功能、旅游交通功能、口岸旅客集散功能、零担货运服务功能及"车港"功能，是省内、省际的长途客运和罗湖、皇岗两大口岸过境旅客疏运的综合枢纽。

# 福田口岸

**福**田口岸位于深圳市福田区南边，是一个连接香港与深圳边境的陆路口岸，于2007年8月15日正式开通。福田口岸和深圳地铁4号线福田口岸站位于同一座大楼中，开闸时间为每天6:30至22:30。

该口岸南临深圳河，北靠裕亨路，东侧为渔农村，西侧为皇岗砂码头。口岸联检楼北接深圳地铁4号线，在香港对应的口岸是位于港铁东铁线落马洲站内的落马洲支线管制站，一条双层的空调行人天桥跨越深圳河连接两个口岸。

福田口岸站共有四层，其中地上一层为车站站厅，二层为入境大厅，三层为出境大厅，而底层则设两个侧式月台及一个岛式站台，平常使用一个岛式月台和一个侧式月台。使用的两个月台中，侧式月台负责接载从各地往本站的乘客，岛式月台则接载从福田口岸往清湖方向的乘客。这种设计在欧洲被称作西班牙式月台布局。

自开通以来，外界对福田口岸的评价颇好，很多游客都喜欢在这里过关。这里离深圳市区近，且无论什么时候，福田口岸总是井然有序。2018年6月16日起，福田口岸启用入境自助备案信息采集点，旅客通关基本实现了即到即走，缩短了出入境时间。截至2019年1月，福田口岸在出境大厅内设人工验放通道58条，入境大厅内设人工验放通道48条，口岸客流疏导能力和通关效率进一步提升。

福田口岸，是一个连接香港与深圳边境的陆路口岸，以旅客通行为主

SHEN ZHEN **FUTIAN**

每个城市
都有它独特的**味觉记忆，**
每个人的记忆里
都有着关于**家乡的味道，**
哪怕此后
辗转经年、身在异乡，
对家乡味道的眷恋
却终生不减。

**福田**聚集着
来自五湖四海的人，
**多元化的人文个性，**
造就了这座城区
丰富的**饮食文化。**

那一条又一条的**美食街，**
是他们在这个城市里
和家乡味觉相遇的地方，
也是**游子们**
**身在远方的家园。**

# SECTION II

## 福田美食圈，一圈又一圈

华强北美食圈 *323*
车公庙美食圈 *324*
景田美食街 *326*
上梅林美食街 *329*
南园路美食街 *330*
八卦一路美食街 *332*

# 华强北美食圈

在茂业一带，以华强北为核心，与周边的振兴路、振中路、中航路、华发路一起，组成了一个庞大的美食圈。这里密密麻麻地分布着风味各异的数百家餐馆，粤菜、潮菜、客家菜、湘菜、川菜、东北菜等，一应俱全。

华强北商业圈拥有稳定的客流。据统计，每天至少有30万至50万人次光顾。有如此巨大的人流量作为依托，饮食业自然脱颖而出。华强北美食圈的上百家餐馆酒楼里，汇聚了国内外众多地方风味的菜品，天南地北，中式西式，应有尽有。菜系虽多，风味虽广，却以粤菜最为突出。蘩楼、肥韬、凤凰楼、明香、海上皇、汇福楼等等，都属于一流的粤菜餐厅、酒楼。

俗话说，一日之计在于晨，华强北的美食生活，也是从早上开始。一些粤菜酒楼针对逛街的人群，推出具有浓郁岭南风情的早茶。到了中午，许多餐馆则聚焦白领和出差至此的商务人士，主推商务套餐形式的菜品，以薄利多销为原则，这里的商务套餐选择众多，且随叫随到。晚市才是重点，傍晚六点钟左右，各大餐馆已经爆满，座无虚席。华强北一带的美食圈，成为白领们下班后消费的天堂。

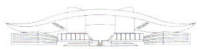

华强北美食圈汇聚了全国各地的美食，其中粤菜最为突出

## 车公庙美食圈

车公庙临近深圳高尔夫俱乐部、香蜜湖、深圳湾,车公庙地铁站为目前深圳市最大的地铁综合枢纽,独占优势的地理位置成就了其巨大的人流量。车公庙美食圈是福田颇负盛名的美食聚集地。丰盛町步行街、十亩地美食城、泰然二路至泰然六路美食街等等,从湘菜、川菜、粤菜到江浙菜,从广式早茶到泰式料理、日式料理应有尽有,每一种都令人垂涎欲滴。

丰盛町步行街就在车公庙地铁站内，与地铁1号线站厅和东海缤纷天地有通道相连。步行街共有两层，街道两旁店面林立，各种美味佳肴不一而足，街上人来人往，热闹非凡。台湾包饭、串串、剁椒鱼头、钵钵鸡、奶茶、咖啡……麻雀虽小，五脏俱全。不管是在饥肠辘辘时想大吃一顿还是撑肠拄腹时还想解解嘴馋，丰盛町步行街都会是一个不错的选择。酒足饭饱后可沿街散步，美甲店、美容店、服装店，总有一处能引起你的兴致。

泰然九路旁边的十亩地是深圳首屈一指的集餐饮、娱乐、休闲、创意办公、运动为一体的大型商业休闲公园。全开放式的内外摆位让这里容纳了更多的美食品牌，室外大片的露天场地营造出惬意舒适的氛围，更适合聚会漫聊。精致的糕点、浓郁的咖啡、色彩缤纷的果茶是白领们午休和下班时间放松身心的不错选择。24小时营业的茶饮界"爱马仕"芭依珊、日式风格的万福炭火居酒屋、新派川菜泰爷门、花意浓浓的火锅店锅镜、美式牛仔风格的诺克餐吧、全牛火锅潮泰牛肉店……在这里，顾客能够享尽南北特色美食和异国风情餐饮。十亩地还陆续引进多家国内外知名酒吧，重点打造丰富多彩的夜生活。

傍晚时分，车公庙美食圈渐渐热闹起来。孩子在街边捧着小吃津津有味地咀嚼；年轻人在咖啡店里一坐便是几个小时，举手投足间尽显自在舒适；更多的是分布在车公庙各个角落里大快朵颐的"吃货"。车公庙美食圈是许多人在职场上奔波一天后的精神归宿，在这里，美食是最好的慰藉。

南北特色美食和异国风情餐饮共同汇聚成车公庙美食圈的特点

# 景田美食街

**景**田美食街又称福田美食街,位于福田区景田北路。在深圳,景田美食街算是资历较老的美食街,20世纪90年代就已经热闹非凡。许多老深圳人对于美食街的记忆,都是从这条美食街开始的。

美食的发展往往与城市发展同步。随着深圳人口的增多,移民化的特征也越来越明显,人口结构庞杂,口味自然也天南地北。今天的景田美食街上汇聚了广东菜、湖南菜、四川菜、东北菜等全国各地特色鲜明、风味各异的美食。有以杭州菜为主兼做粤菜的西湖春天,有正宗地道的重庆孔亮火锅城,有专门经营各式羊肉的中发源清真餐厅,有顺德菜做得很地道的顺德佬天心酒楼,有专做川菜的四川豆花,还有老乡村农家大碗菜、金稻园砂锅粥等大大小小几十家餐馆。

到了晚上,景田美食街尤其热闹,几家特色餐馆前时常要排队候位。餐馆门外露天而摆的桌旁也坐得满满的,称得上食客如云,香飘十里。这里的三寸菜心、烧鹅、铁板生蚝都颇有特色,中发源清真餐厅里的羊肉串、手抓羊肉、大盘鸡、新疆拌面,更是有着遥远的漠北味道,让你身在福田,食在他乡。餐馆和食客,用饮食写成了一道充满人间烟火的城市人文景观。

许多老深圳人对美食街的记忆,都是从景田美食街开始的

# 上梅林美食街

上梅林村位于福田区北部,梅林工业区中心,是深圳有名的城中村之一。经过多年的沉淀,这里聚拢了天南地北的外来人口,与此同时渐渐荟萃了各地美食,形成远近闻名的美食圈。牛肉火锅、鸭血火锅、毛肚火锅、茴香牛肉馅饼、猪肚鸡、烤鱼、烤羊腿、钵仔菜、小龙虾……生活在这里的人在家门口便可享受一场美食盛宴。其中最有名的要数"烧烤一条街"。

盛夏夕阳未落时,店主已经将一摞摞椅子搬到门口,一张张摊开,桌椅严阵以待。下班的"铃声"一响,人们便直奔这成行的大排档。

近些年,随着"撸串"这个词风靡大江南北,吃烧烤似乎成了一件艺术活,吃得优雅反而变成有点小家子气,大快朵颐才是对食物最大的尊重。点菜的人仿佛携带亿万身家前来,大手一挥,盘子上的烤串便堆成个小山丘。

等待烤串上桌的时间里,餐桌上并不安静。那些平日里滞留心底无处诉说的压力慢慢被释放出来,眉头紧锁、展开,推杯换盏间,浓浓的人情味在彼此间流动。老板管不着这么多,眼下只是专注于炭火上的烤串,刷油、加炭、翻转,动作驾轻就熟,此刻他们黝黑的脸上总是徜徉着笑意。

烤串上的油还在不停地往外溅,发出滋滋的响声,肥厚的牛肉、撒上孜然的蔬菜、蒜香四溢的烤蚝,一盘一盘的美食已经端到桌前。翘首以盼的人顾不上热浪滚烫的烤串还在滴着油,就把美味递到嘴边,任烧烤酱汁沾满自己的嘴角,一副心满意足的模样。

夜色渐浓,美食街上却越发热闹。浓郁的香味撩动着每个步入其中的人的味蕾。饥肠辘辘,美味佳肴当前,饥饿的灵魂招架不住诱惑。脱下白天坚硬的盔甲,这里有着最真实的人间烟火味。

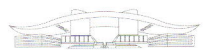

烧烤是上梅林美食街最重要的组成部分

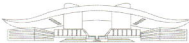 南园路美食街的粤式小吃

# 南园路美食街

南园路,夹在深南中路与滨河大道中间的一条小街,是最能透出深圳市井风貌的街道之一。由于位置独特,在东门和华强北两大商圈营生的人们,有很多选择居住在这条街两侧的城中村或小区里。天色渐暗的时候,下班的人们就穿梭在这条街上。好吃的东西不难找,在一个热火朝天的地方腾出一份寻找美食的心情,这正是市民的生活乐趣。在南园路从东往西走一遭,大概只需十五分钟,但是如果要把每家餐馆都尝过、琢磨透,没有个把礼拜是不够的。

南园路美食街可以说是深圳历史最悠久的美食胜地之一,它是20世纪80年代闻名的上步食街的遗存。当年上步食街盛极一时,就涵括了南园路和东园路。大排档是南园路食街一道颇有历史的风景,它是港式餐饮的一大特色,也是源于香港的一个名词。二战后的香港百废待兴,有人在街边摆摊出售熟食。20世纪50年代起,香港有关部门对路边档进行规范管理,规模大一点的食摊,牌照是一张大纸,需要裱装起来挂在显眼位置,因而称为"大牌档"。在粤语中,"档"类似"店"和"摊"的意思。

早年,香港人集中在中环、上环、湾仔一带,这些地方也是大牌档的发祥地。在粤语中,"牌"与"排"同音,不少人误以为大排档是解作"一大排人吃饭"的意思，因而误写成"大排档"。香港的饮食文化在20世纪80年代进入深圳，南园路大排档就是一道保留至今的风景。

有"吃货"的地方自然就有大排档。南园路随时可见的大排档，多半是聚成堆的小吃摊，一溜排开去。每一个摊点在最显眼的地方竖着锅灶，旁边的长条桌上，调料、菜肴、一次性碗筷依次摆放，餐桌就摆在人行道旁边，朝着大街：点菜、吃饭，一目了然。大排档食物种类繁多，中西兼备，中式有小菜、炒粉面、鱼蛋粉面、白粥油条等，西式的有西多士、三明治、港式丝袜奶茶、咖啡、鸳鸯等，也有红豆沙、芝麻糊等中式甜品。随着饮食店的扎堆、人们口味的多样化，南园路美食街的餐馆选择也越来越多，川菜、湘菜、京菜甚至清真餐馆，一应俱全，麻辣烫、烧烤也成了美食街主角。

大排档在现代社会的饮食界里有难以取代的位置，它是城市草根文化和生活方式的体现。南园路大排档吸引人的地方，正是它选择多样、物美价廉。

南园路美食街是20世纪80年代的上步食街的遗存，还保留着一些香港的饮食文化

## 八卦一路美食街

八卦一路美食街位于八卦岭,这里曾经是工业区,为推动深圳初期的经济发展发挥了重要的作用。后来深圳经济转型,随着工厂外迁,八卦岭也由工业逐渐转往商业。

经过改造,这个深圳最老的工业区,能够成就这样一条闻名遐迩的美食街,自然有它自己的奥妙所在。八卦一路的餐馆,大都由深圳早期经营餐饮业的成功人士开办,大家熟悉的"辉记"大酒楼,就在这里。这条美食街虽然不像华强北美食圈那样包罗万象,但中国各地的风味基本上都有。在长约300米的街道上,排列着数十家大大小小的餐馆。这里集中了全国各地的风味菜,多为连锁经营的品牌食店,知名度高,味道正宗。比如胜记、辉记、老佛爷炭火蛙锅、重庆乌江活鱼、汕头八合里海记牛肉店,都是有名的老字号餐馆。这里能满足食客众多的选择。

这里还有通宵营业的宵夜场所,美味在这里二十四小时不间断。街边还有个能容纳300多个车位的停车场,大批以白领和老板为主的食客蜂拥而至、流连忘返。

华灯初上,带着一天的疲劳来到这里,点上一份美味佳肴,舒心而温暖。或许正是那一份带着家乡味道的小菜,慰藉了在深圳漂泊的游子心,让人突然有了坚持下去的力量。

在八卦一路两侧排列着数十家大小餐馆

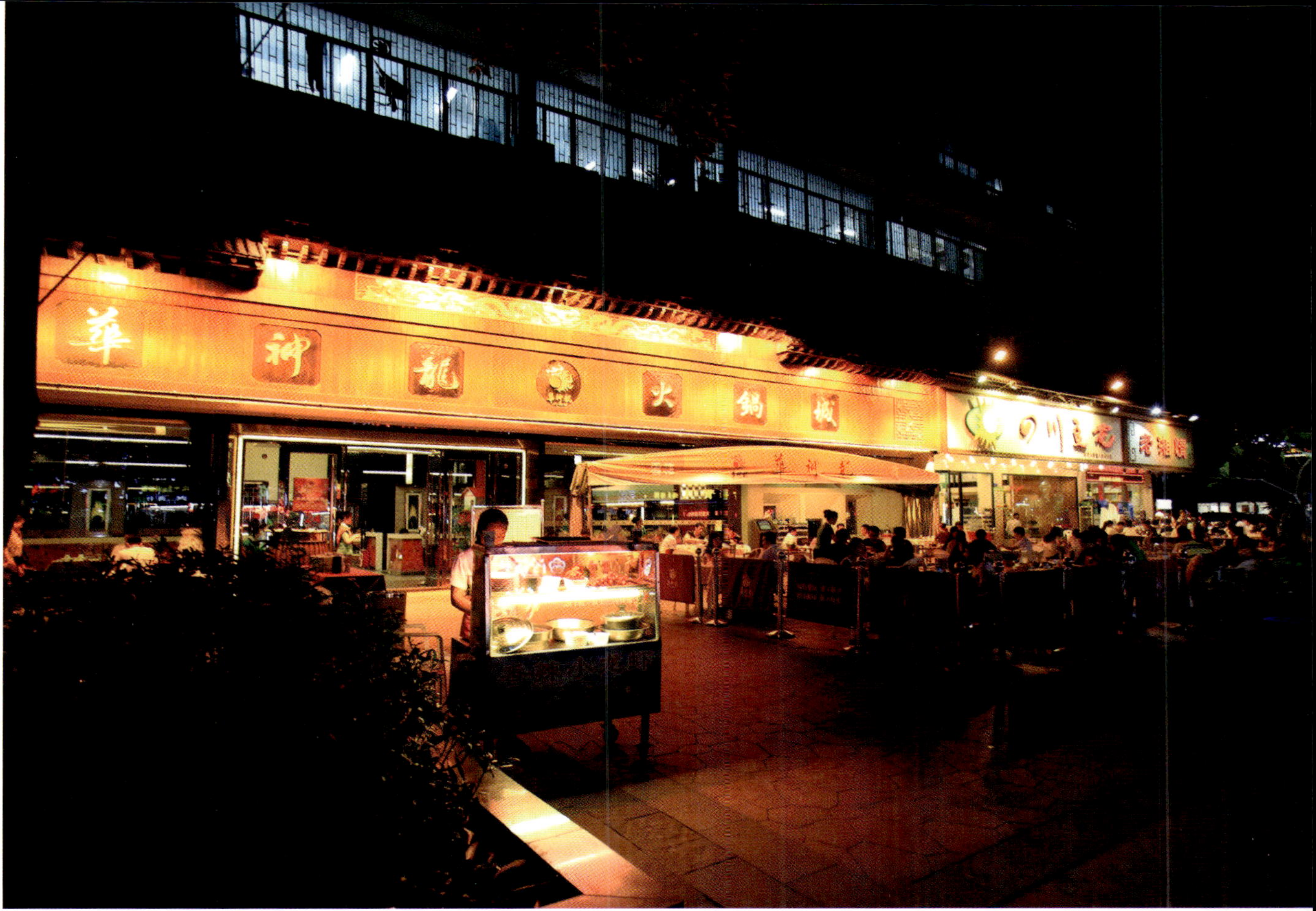
華神龍火鍋城

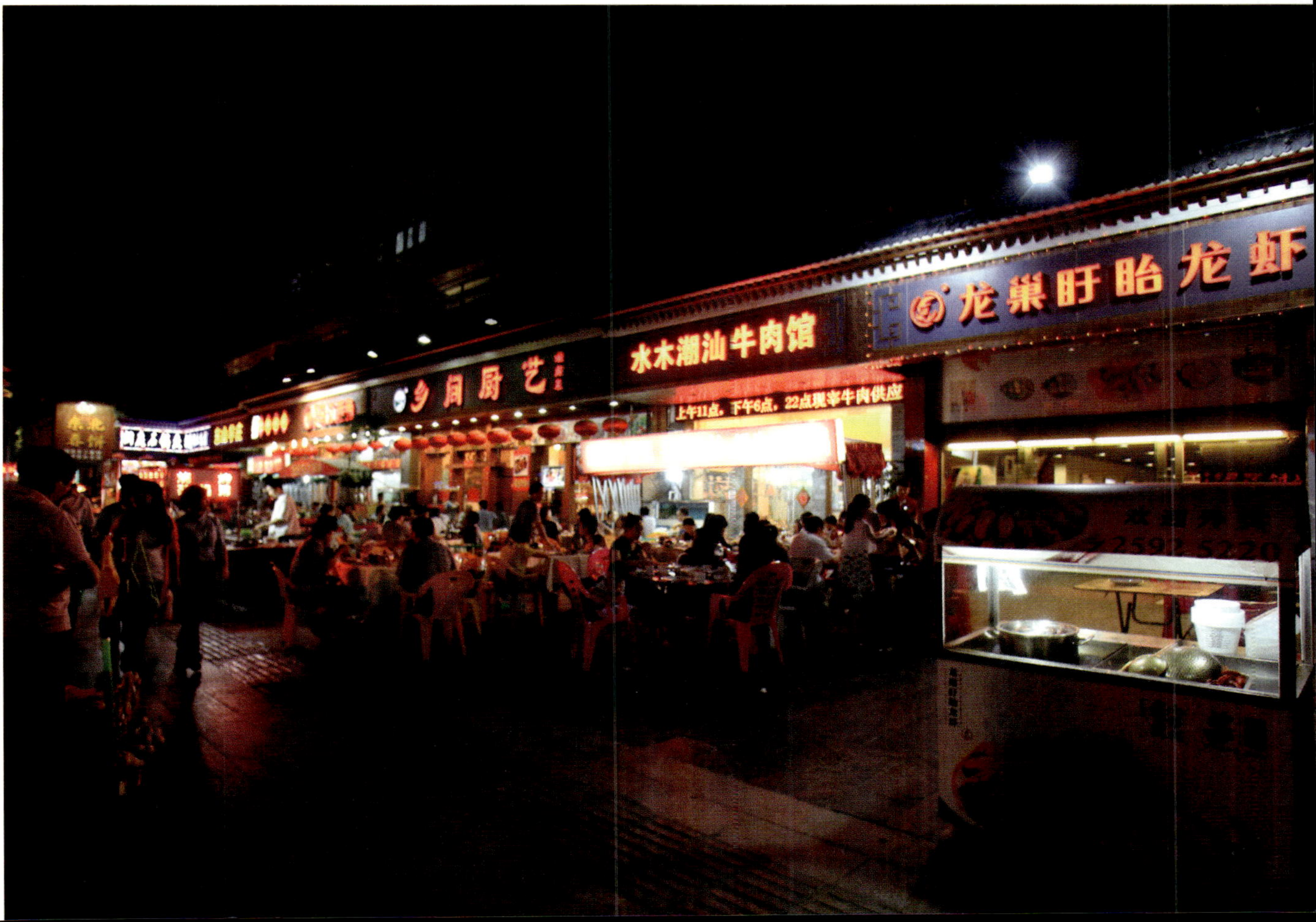
龙巢盱眙龙虾
水木潮汕牛肉馆
上午11点，下午6点，22点现宰牛肉供应
乡间厨艺

SHEN ZHEN **FUTIAN**

**酒吧**最初源于
**美国西部大开发时期**的
西部酒馆，
最初的形态
**原始而狂野。**

酒吧引进到中国后，
摈弃了粗暴的属性
而**略有节制。**

**福田**的酒吧有很多，
在**内涵**和**外在形式**上
都各具特色，
吸引着
一些志同道合的人。

**福田酒吧之最**

最狂野的酒吧——根据地酒吧 336
最悠闲的酒吧——魔王酒吧 337
最奢华的酒吧——晚装空间酒吧 338

SECTION II

## 最狂野的酒吧 —— 根据地酒吧

"无摇滚，不青春"，摇滚是根据地酒吧的灵魂，而根据地则开启了深圳摇滚乐的一个时代。崔健、郑钧、唐朝乐队等都曾聚集于此，掀起了一股摇滚音乐的热潮。

根据地是深圳首家摇滚原创音乐现场，被崔健称为"中国南方最好的现场音乐酒吧，反媚俗音乐的最前沿"。根据地酒吧位于福田上步南路玉丰楼B座，隐蔽于半地下室里，因为有摇滚，这里显得狂野而热闹。酒吧内怀旧的装修风格既接地气又营造了氛围。晚上大约10点以后，人慢慢多起来，这里的乐队和歌手实力都不俗，能很快暖场带动气氛。服务员态度很好，颜值在线，上菜速度也可以，肥牛、肥羊串味道都很好，白啤味道不错。如果你喜欢热闹，热爱摇滚，这里便是你的首选。

## 最悠闲的酒吧 —— 魔王酒吧

魔王酒吧位于新城市广场酒吧街,靠近地铁科学馆站。夜色中的魔王酒吧,一眼看过去颇有几分神秘气息,抽象的LOGO让人首先想到《西游记》里的牛魔王。大门的设计带有古罗马城堡风格,灯光迷离而昏暗,让人油然产生一种想要进去一探究竟的冲动。魔王酒吧的空间不算大,但坐满后也不至于拥挤。墙壁以及吧台的天花板采用欧式的色块风格装饰。魔王酒吧的整个格调不算喧嚣,更适合几个好友围坐在一起谈天说地。里面有一个超大的投影屏幕,球友们边喝酒边看球,氛围还是不错的。外边有一片宽阔的空地,不喜喧闹的人,也可以坐在外边闲聊。魔王酒吧在深圳有好几处分店,但最经典的还是新城市广场店。

## 最奢华的酒吧 —— 晚装空间酒吧

晚装空间在深圳的酒吧圈内以奢华著称。晚装空间装修高档，算得上是全国比较先进的CLUB之一，舞池灯光以及DJ台的设计炫目，场内空间宽阔，不论是整体布局还是细节，都流露出一股富豪的气息。

　　表演是晚装空间区别于其他酒吧的特点之一。晚装空间有个很长的、可以升降的、以外籍艺人为主的巨大T台，无论是工作日还是周末，从来都不缺表演，主要以流行舞蹈跟走秀为主。

SHEN ZHEN
FUTIAN

改革开放后,
**福田**地区的经济
发生了翻天覆地的变化,
也带动了**商圈**的发展。

生活水平的提高,
使人们在购物方面
更加**注重体验**与**服务**,
**购物中心**也由此诞生。

如今,福田的
**COCO Park**、
**九方**、**卓悦汇**、
**皇庭广场**、**深业上城**等
规模较大、
人气较旺的购物中心,
为市民的
**购物、娱乐、休闲**
提供了很好的去处。

# SECTION IV

**无商圈，不Shopping**

福田CBD商圈：
国际化的立体消费网络 342

华强北商圈：
时尚生活的引领者 344

新兴商圈：
休闲娱乐新领地 347

COCO Park 购物中心内的空中天桥

## 福田 CBD 商圈：国际化的立体消费网络

福田CBD商圈位于深南大道的核心位置，毗邻亚洲最大的地下高铁站——福田站，周边甲级写字楼、医院、住宅、学校、酒店等基础设施和深圳图书馆、市民中心、会展中心等市政配套林立，酒吧街、电影院等文娱设施也一应俱全，是很多人带朋友初识福田的第一站。

如果有人喊你来这里"逛商城"，他指的可能不是一个，而是以全长1.5公里的地铁商业街连城新天地为主轴，连接星河COCO Park、皇庭广场、购物公园、怡景中心城的超级商圈。五大商业体在这里为广大的消费者提供了宽阔的休闲娱乐场所。

于2006年正式对外开放的星河COCO Park，是中国首家"内街式"购物中心，也是深圳首家公园版、情景式购物中心。比起纯封闭式的商业体，这类以"街区+MALL"布局的购物中心更能吸引顾客前来。同时，这里还是一个娱乐潮流的时尚风向标，众多大牌明星的来访，为它贴上了潮流娱乐的标签。

皇庭广场，一个汇聚着高端及中端国际品牌旗舰店的购物中心，被誉为深圳CBD的"钻石之心"。在这里，餐厅、咖啡厅、酒吧、潮流服饰、书店等一应俱全。东、西下沉广场外层层叠高的石阶形成小型的"瀑布"景观，"海豚"在水中跃起，盎然生趣；黄色的"麦田"与"大风车"相映成趣。顶楼的空中花园，形似一个在天空下打开的巨大礼盒，阳光流淌过水晶一般晶莹剔透的穹顶，懒懒地洒在广场上。这是一个放空自我的佳地，也是一个自由开放的社交空间。此外，汇聚着几十家服饰零售店和多家优质餐饮店的怡景中心城，美食荟萃的连城新天地和购物公园，同样人来人往。

更值得一提的是，"空中连廊"立体步行系统的建设将会大面积连接起周围的建筑，莲花山、笔架山、中心公园、福田河等重要景观带也被容纳在内。建成以后，不仅福田区多了一个观景、休闲、健身的好去处，周边交通也得以进一步盘活，从商城到室外自然景观，市民可以自由穿行。

随着粤港澳大湾区的建设，福田CBD商圈的竞争将进一步被激发。

皇庭广场的下沉广场美食荟萃

# 华强北商圈：时尚生活的引领者

华强北商圈是深圳知名商圈之一，位于深圳福田的核心位置，坐拥交通地铁1、2、3、7号线，每日客流量达50万人次。这里不仅是"中国电子第一街"，还汇集了其它多个行业，是深圳商业经营模式容纳最多的商业旺区。与此同时，这里也是集购物、休闲、娱乐、美食、文化为一体的全客层体验式消费区。天南海北的年轻人汇聚在此，感受着美食和购物的双重狂欢。近些年，转型升级后的华强北商圈还有另外一面，即正在通过对城市话题的关注，倡导对高品质生活的追求与创造。

当这座城市从黑夜中苏醒过来，这里也开始了人流如织的一天，仅仅是在周围走一圈，这座城市的活力和繁忙便可知一二。夜幕降临，华强北也丝毫没有停下休息的意思。此时街上的人们脚步逐渐放慢，白天紧绷着的脸上渐渐浮现一丝笑容，忙于工作各奔东西的情侣终于可以小聚。

在九方商城，爱情广场上的女孩架起乐谱架，轻吟浅唱中，刚刚还在一路打闹的情侣停下了脚步，牵手、拥抱、接吻。身后的垂直电梯上印着大大小小的红色唇印，仿佛是无数像他们一样的恋人留下的爱的标识。广场中央巨大的不锈钢苹果雕塑隐隐约约印着他俩的影子，斑斓的灯火将女孩的脸映衬得格外红润。四周长长的阶梯画满彩绘，新郎细细地帮新娘整理着婚纱，随着摄影师的一个"好！"，幸福的笑容在他们脸上绽放。

这是深圳首个以LOVE为主题的体验式购物中心，是华强北商圈转型升级以来备受瞩目的综合体之一。自2015年落地以来，九方将"爱"艺术化和主题化，渗透到场景打造的每一处细节中。除了爱情广场，商城内的唇形座椅、玻璃橱窗上印着的"我们结婚吧"字样、仓央嘉措的情诗，每一处都与主题相互呼应。这也是深圳首个开放式街区与室内型购物中心完美结合的商业典范，独立全玻璃商业空间给人以通透辽阔的视觉享受，并形成互动的公共活动空间，消费者可通过户外平台到达九方的任意楼层。

与此同时，传统的商业综合体也同样吸引着不少年轻人。茂业百货（2016年改为"茂业天地"），深圳零售百货业的第一品牌，2003年落地于此，成为华强北商圈大型

华强北九方购物中心

百货商店的开创者。一楼的化妆品专柜是其区别于其它商城最大的特点,如今依旧是不少女士挑选大牌化妆品的首选之地,与世纪汇、天虹、女人世界、女人世界名店、儿童世界等商城一同构筑了华强北另一面的繁华。

在这座年轻的移民城市,华强北商圈如同一个汇聚着巨大能量的梦工场,给无数异乡人实现梦想的平台,也提供了一个休闲玩乐的场所。与此同时,华强北商圈也正在通过举办更多的活动以及从多个装饰细节入手,营造适合年轻人喜好的商圈氛围。

"九方"购物中心的爱情广场常常吸引着年轻人前来拍照

 上梅林的卓悦汇购物中心

## 新兴商圈：休闲娱乐新领地

午后，卓悦汇前的广场上凉风阵阵，途经的市民在长条椅上闲坐、发呆、遐想。临街的咖啡店通过落地窗与外界衔接，无形中提升了空间感。在这里宠物和人有了共享空间，主人闲坐，宠物嬉戏，和谐共生。这一切似乎在这座步履匆忙的城市略显"奢侈"，可很多人沐浴在和煦的阳光下，分明不舍得离开。不同于传统商圈，新兴商圈给消费者营造的休闲、放松的氛围更为浓郁。

2016年，一站式大型购物中心卓悦汇横空出世，填补了梅林片区高端商业配套的空白，成为当地的新地标，与后来的佐阾虹湾和先前的新世界百货等一起，构筑了梅林片区的新兴商圈。

同样兴起的还有车公庙商圈。车公庙是科技、生产制造产业聚集的街区，在这里，大量高端时尚品牌和时尚文化碰撞交融。在具有"青年潮玩聚集地"十亩地、丰盛町美食街等的基础上，东海缤纷天地和滨河时代kk one大型购物中心落地于此。

首创"城市优尚生活"概念，倡导零帕生活的东海缤纷商城致力于给年轻人一个品味生活、放松身心、追求精致高品质生活的自由休闲空间。商城内，温和的灯光充盈整个空间，"古树""鲜花""绿叶"等元素融入其中，轻快的音乐缓缓流出。这是东海缤纷天地基于"城市绿洲"的设计理念作出的抉择，希望既能满足市民生活上的需求，更能让身处其中的人产生一种如同置身于大自然中的愉悦感。kk one是福田区第一个成功建成并投入使用的由城中村改造的城市综合体。整座商城以黄色、黑色为主，白色为辅，明亮的色调格局充分体现了其"时尚潮流购物中心"的商业定位。

左　kk one 是福田区第一个成功建成并投入使用的由城中村改造的城市综合体

右　基于"城市绿洲"的设计理念，东海缤纷商城将"古树"等元素融入其中

近两年福田新兴的商圈，还有新晋的网红"打卡地"——深业上城。其三楼打造的loft特色小镇，灵活的空间结构将办公与居住融为一体。外墙以红、橙、黄色等暖色调为主，建筑高低搭配，凹凸起伏，线条流畅，将艺术融入建筑中。咖啡小店、艺术品店、书吧……穿梭其中，仿佛置身于现代化的艺术街，舒适、自在。"小镇"东、西两端建设空中长廊，分别通向莲花山公园和笔架山公园。宽阔的空中步行道两边绿草繁花点缀，上空白云游荡，蓝天仿佛近在咫尺。如果购物累了，也可以在这里歇息片刻，看桥下的车水马龙，观城市的璀璨灯火。

新兴的商圈集购物、休闲、娱乐于一体，现代、简约、敞亮、透明的装潢彰显出其十足的活力和时尚感，简单明了的标识为消费者提供了便利的指引，营造出温馨舒适的购物环境。在打造"购物天堂"的同时，其生命力还体现在自然空间的构筑上，营造自然的景观、舒适的环境，消除消费者购物期间的疲惫感。与此同时，人文精神的传达也进一步凸显，商城通过挖掘当地优秀传统和城市题材，持续推出各式主题活动，培养消费者的文化认同感和归属感，实现与消费者之间的有效互动，形成情感上的共鸣。在引领时尚潮流的同时，这些商圈将会成为该片区的商业新引擎，促进当地经济发展。

深业上城是近两年福田新兴的商圈，成为新晋的"网红打卡地"

深业上坡三楼的 loft 特色小镇将办公与居住空间灵活地融为一体

# EMBRACE

## 跋：
## 拥抱变化
## 逐梦未来

# THE FUTURE

在福田区建区三十周年来临之际,我们幸运地承接了《发现城市之美·深圳福田》的创作任务,其实每个人内心都有些惴惴不安,因为这是一项艰巨的工作。写深圳这个城市的作品很多,作者有历史文化专家,有城市文化学者,有业余作家等等,往往新作刚出版面世,不久就变成了历史读本,创作的速度赶不上深圳建设的速度。到过深圳的人很多,一段时间后再来,这座城市仿佛又换了一副全新面孔,城市更新的速度快到颠覆你的记忆。对于福田这个城区,没有人敢说了如指掌,也没有人能给它提炼出一个恰当的标签。福田,处处有故事;福田,举目皆风景。一部作品无法装下这座年轻城区的所有内涵。

2019年12月,《发现城市之美·深圳福田》项目正式开始采访工作。团队乘公交、挤地铁,在文化馆、博物馆中收集资料,在纵横的街道和林立的楼宇之间采访拍摄……尽管福田区域面积只有78.66平方公里,但每一寸土地上都有写不尽的故事。1990年,福田区刚成立之时,如果站在100多米高的莲花山山顶向南看,眼前高楼大厦都还在人们的想象之中。30年后,站在同样的角度再看,这个区域高度超过100米的大楼有数百座。曾经的水田滩涂,仿佛在一夜之间变成城市"客厅",这是"深圳速度"的一个缩影,更是世界城市发展史上的奇迹。视野所及全是故事,方寸之内尽是华章。

我们访问的每一个人,心中都有个不一样的福田。有人说,福田非常宜居,这里交通便捷,生活便利,喜欢读书的人多,环境优雅,是一座建在公园里的城区。也有人说,福田的工作生活节奏太快,整天以奔跑的方式工作,这里的人太拼了……市民的工作生活方式,在一定程度上决定了一座城市的风格。

"静如处子"的福田,有一种安静的美。福田区有中心书城、深圳音乐厅、深圳图书馆、深圳博物馆、深圳当代艺术馆等,这里是深圳的文化中心,呈现一种慢生活的景象。许多来深圳打拼的年轻人在工作之余,在这里安静地阅读,在知识的海洋中遨游。2000年启动的深圳读书月活动,一直延续到现在。这座城市懂得通过全民阅读,改良城市文化基因,提升城市文化气质,也引领着"阅读为荣,阅读为乐"的社会风尚,这是一座喜读书爱学习的城市。2013年10月21日,联合国教科文组织授予深圳"全球全民阅读典范城市"称号。

"动如脱兔"的福田,有一种奔跑的美。福田是一个移民城区,全区户籍人口超过100万,还有超过100万流动人口。他们在此创业安家,实现梦想,这是他们的生活主场,是他们的人生舞台。华强北街头,则是深圳城市活力的典型代表,所有人步履匆匆,小拖车上堆满了货物,年轻人推着它在人群中快速穿梭,这里是物流、快递公司最集中的地方之一,装卸货物、撕扯封箱胶,一片忙碌。华强电子世界、赛格电子市场,从早到晚一片喧嚣。从这里能感知福田的速度,能触摸福田最强的脉动。

**福田,作为深圳的中心城区,是外界了解深圳的一个重要窗口,所以它承担着更多的责任。它应该是快速的、高效的、干净的、便捷的,还应该是深圳市的颜值担当、文明担当……正如园博园福塔上的一副对联——"湖山拥福,田地生辉",不仅诠释了"福田"一名的由来,也寄托着人们对这片土地的美好期待。**

这部作品从实地采访到付梓成书,历时近一年。在这个过程中,有许多幕后工作者为作品献计献策,提供资料、照片,帮忙对接采访对象等,特别是海天出版社为本书的出版提供了大力支持,每一位采编对此都心存感激。

**特别感谢提供精美照片的摄影家们:**
**鸟类摄影家詹培明**
**深圳市老年摄影家协会会长张之先、副会长黄玉煌**
**摄影家韦洪兴、韦东生**
**深圳市城市风光摄影家储炎**

福田,谜一样的城区,它内涵丰富,颜值爆表,这部作品里所呈现的只是沧海一粟,更多精彩,还有待更多人来挖掘,来书写。团队成员才疏学浅,作品中难免有疏漏与不当之处,权当抛砖引玉,期盼专家学者多多批评指导,作品全体采编人员诚挚致谢!

发现城市之美项目组<br>2021年1月

— 特别鸣谢 —

中共深圳市福田区委宣传部

深圳市福田区文化广电旅游体育局

深圳市福田区文学艺术界联合会

深圳市福田区企业发展服务中心

| | |
|---|---|
| 出　　　品 | 中共深圳市福田区委宣传部 |
| 主　　　编 | 肖岳山 |
| 副　主　编 | 徐舜希 |
| 总　监　制 | 王铁成 |

| | |
|---|---|
| 监　　　制 | 卢卫卫　谢宏中　蔡爱东　李洛冰　杨扬 |
| 文 字 采 编 | 唐兰燕　唐童瑶　徐舜希　方华吉　赵玉顺 |
| 首 席 摄 影 师 | 汪国桓 |
| 摄　　　影 | 徐舜希　赵玉顺　韦洪兴　韦东生　詹培明 |
| 封 面 设 计 | 顾志成 |
| 装 帧 设 计 | 深圳点石图文有限公司 |

| | |
|---|---|
| 著　作　权 | 中共深圳市福田区委宣传部 |
| 承　　　制 | 深圳市点石文化传媒有限公司 |
| | 经世文化发展(深圳)有限公司 |
| 地　　　址 | 深圳市福田区田面设计之都2栋5B |
| 电　　　话 | 0755-23931086 |
| 公　众　号 | 发现城市之美 |

| | |
|---|---|
| 法律顾问单位 | 北京市德和衡（深圳）律师事务所 |
| 法 律 顾 问 | 潘建辉律师 |